津和野読本

明治の津和野人たち

幕末・維新を生き延びた小藩の物語

山岡浩二＝著

堀之内出版

はじめに

本書は、山陰地方西部に位置する石見国《いわみのくに》津和野藩（現島根県津和野町）が、幕末から維新にかけての激動期をどのように乗り切ったのか、また、四万石余りの小藩ながら、明治期の日本の近代化を支えた多くの文化人が輩出した秘密と彼らの軌跡について、郷土史の視点を活かして綴ったものです。

まずは、本書の主な舞台である津和野の歴史を、藩成立以前から振り返っておきます。

津和野地方が歴史記録に最初に登場するのは、平安時代成立の『和名類聚鈔《わみょうるいじゅうしょう》』に「石見国鹿足《かのあし》郡能濃《のの》郷」との表記です。「能濃郷」は、現在の津和野町と同じエリアを示す地名です。その後、津和野の歴史が大きく動くのは、鎌倉時代の弘安五（一二八二）年に能登の豪族だった吉見頼行《よりゆき》がこの地方に入部してきたときです。頼行の入部は、二度の元の襲来（一二七四年と一二八一年）を受けた鎌倉幕府が、三度目の襲来に備えて日本海沿岸の再警備を命じたためだといわれています。頼行一族は、海岸部から山間の津和野地方に入り、津和野城（三本松城）を構えて統治を固めていきます。吉見氏は、戦国時代の前半は山口の守護大名大内氏に、後半は新興勢力の毛利氏に、有力家臣として仕え、十四代、三一九年間にわたって津和野地方を支配しました。その間、京文化を強く嗜好した大内氏の影響によって津和野にも京文化を導入し、その息吹は今も「山陰の小京都」と称される町並みや風土に色濃く残っています。しかし、慶長五（一六〇〇）年、吉見氏十四代広行《ひろゆき》のとき、毛利氏とともに戦った関ヶ原戦役で敗れ、同年、長州（現山口県）萩へ退転し、吉見氏の津和野での治世は終わりを告げました。

吉見氏に代わって津和野城主となったのは、坂崎出羽守直盛《でわのかみなおもり》です。直盛は備前（現岡山県）の名族、宇喜多氏の出身ですが、故あって宇喜多氏と袂を分かち、坂崎を名乗っていました。関ヶ原戦役では東軍で戦い、その功績により慶長六（一六〇一）年、徳川家康から三万石の封（のち四万石に加増）を受けて津和野に入りました。ここに徳川幕藩体制下の「津和野藩」が成立しました。ところが、元和二（一六一六）年、直盛は、いわゆる「千姫事件」によって自刃に追い込まれ、坂崎家も断絶します。津和野藩主として在位したのは、わずか十六年間でした。しかし、この短い期間にもかかわらず、直盛は津和野城の大改修、城下町形成、産業振興の基盤づくりなど、藩政に大きな功績を残しています。

元和三（一六一七）年、直盛のあとを受けて、因幡国（現鳥取県）の鹿野《しかの》城主だった亀井政矩《まさのり》が津和野藩主となりました。亀井氏は、坂崎時代後半に四万三〇〇〇石となっていた石高をそのまま受け継ぎ、明治四（一八七一）年の廃藩まで、十一代、二五四年間の藩政を守り抜きました。その治世は、和紙の専売制などによって「津和野侯ハ四万石ノ禄ナルガ（中略）十五万石ノ禄ニ比ス」（太宰春台著『経済録拾遺』）と評されるほどに優れた経済運営や、藩校「養老館」による先見的な人材育成、などに特色がみられます。

しかし、黒船によって太平の世が揺さぶられると、激動の幕末期に突入し、津和野藩を取り巻く状況も大きく様変わりします。津和野藩の西隣の長州藩（山口県）は、倒幕の最強勢力として、吉田松陰門下の高杉晋作、木戸孝允、伊藤博文ら多くの志士の活躍で、倒幕、そして新政府樹立を成し遂げることになります。一方、津和野の東に隣接するのは幕府側の浜田藩（松平氏）です。こうした特殊な地理的条件から、この時期の津和野藩の政局運営は、微妙かつ困難なものを強いられました。

本書は、まず第一章で、維新を目前にしたこの時期に、最後の津和野藩主亀井茲監《これみ》を中心とした津和野藩の人々が、この難局をどのようにして乗り切ろうとしたのかを、幕末維新前後史を軸に、多くの人々の活躍の軌跡と、さまざまな出来事やエピソードによって描きます。

続く第二章では、活躍期が維新前後ではなかったものの、それにつづく明治という時代を個性豊かに駆け抜けていった津和野人たちの生き様と業績を紹介し、さらには、なぜ、そのように小藩津和野から多くの人材が輩出したのか、その秘密についても考えてみます。なお、一部、活動期が大正・昭和で明治生まれの人物も含みます。

最後の第三章では、津和野出身の文化人としては、おそらく最も著名だと思われる、文豪森鷗外の生涯と業績、人となりを、できるだけ津和野人の視点や津和野にまつわるエピソードを中心に紹介します。なお、本文中の敬称は省略しました。

それでは、しばし一五〇年前の石見国津和野藩への小旅行をお楽しみください。

第二章 明治を駆け抜けた津和野人たち

第三章
津和野と鷗外

第一章
津和野人たちの明治維新

津和野藩の明治維新前後史

亀井茲監と福羽美静を中心に

最後の藩主亀井茲監による藩政改革

幕末の激動期を目前にした天保期（一八三〇年～四三年頃）の津和野藩は、悪天候などによる凶作が続き、財政状況は悪化の一途をたどります。中でも天保七（一八三六）年の大洪水による大飢饉が決定的な打撃となりました。しかし、当時は経済政策に長じていた家老、多胡丹波《たごたんば》が藩政を司っており、他藩に比べれば少しはましな状況だったともいわれていますが、さらに続いた米や楮《こうぞ》の不作の影響は、丹波をしてもいかんともしがたく、天保九（一八三八）年の藩の負債額は過去最高に達しました。

加えて、当時の藩主、十代茲方《これかた》は病弱で自ら藩政を指揮することができなかったために、茲方は二十三歳の若さで隠居し、天保十（一八三九）年に九州久留米藩の有馬家から十四歳の格助《かくすけ》を養子に迎えます。この格助が最後の津和野藩主十一代茲監《これみ》です。

亀井茲監（一八二五～一八八五）は、文政八（一八二五）年十月五日、久留米藩主有馬

頼徳《よりのり》の二男として江戸三田の有馬邸で生まれ、幼名を格助といいました。幕府の儒家林家について儒学を修める一方で、天文学、暦法、数学など幅広い分野の学問を学んでいます。有馬家は代々学問に優れた家系として知られ、中でも久留米藩七代藩主有馬頼徸《よりゆき》（茲監の父頼徳《よりのり》の二代前の藩主）は、関流和算の大家で、数学の専門書『拾璣算法《じゅうきさんぽう》』全五巻を著し、「算学大名」と呼ばれるほどでした。茲監もこの血筋を受け継ぎ、和算は専門家級の実力をもっていたようです。

十七歳の若き藩主茲監は、天保十三（一八四二）年から藩政改革に乗り出します。改革に先立って茲監がまず行ったのは、なんと、当時、藩政一切を取り仕切り一定の成果もあげていた家老、多胡丹波に隠居を命じたことでした。前述のように多胡丹波は経済政策に通じた敏腕で、しかもこのときはまだ四十一歳の働き盛りでした。藩主とはいえ、若く経験も浅い茲監のこの思い切った判断には、驚くほかありません。詳細は不明ですが、丹波は逸斎《いっさい》の号を持ち、画家としても超一流といわれたほどの風流人の一面もあり、文化芸術へ散財する傾向もあったといわれていることから、理系の藩主とは、基本的な点で反りの合わないところがあったのかもしれません。

茲監が人事刷新の次に実行したのは、天保七（一八三六）年以来継続している財政緊縮策をさらに五年間延長するというものでした。これは「増上げ米」と呼ばれ、要するに家臣の給与を引き下げるとともに「倹約令」を発令する、というものです。しかしながら、これは茲監が排除した多胡丹波が実施してきたものの延長に過ぎませんでした。家臣には、この先も五年間、都合前後十年間にわたって倹約生活を強いられることに加えて、若い藩主に交代しても政策に目新しさがないことの失望感もあったようです。しかし、この財政立て直し策は、一定の効果を挙げていったこともまた事実です。

茲監の文教改革

茲監が次に、そして最も情熱を注いで進めたのが文教改革でした。時代は、激動の幕末期を迎えていました。反幕府勢力の雄・長州藩と徳川親藩の浜田藩に挟まれた小藩津和野が、確固たる地歩を得るためには、時代の流れを深く素早く洞察できる人材の育成が不可欠と考えたからです。まず、藩士や町医者などから優秀な者を選抜して江戸や大坂へ国内留学させる遊学奨励を始めました。天保十四（一八四三）年が最初です。この遊学奨励は、実は、人選や学ばせた学問に大きな特徴があります。つまり、老中から町医者まで職や身分によらず才能と向学心によって人選したことと、いち早く蘭学を吸収することが新しい時代への鍵になると見通していたこと、です。実際に、このとき江戸に留学した津和野藩の医者、池田多仲《たちゅう》（一八二〇〜一八七二）が学んだ蘭医学は、のちに養老館教育の特色の一つとなる洋学、蘭学の先駆となるものです。なお、この多仲は、のちに、脱藩して苦学中だった同郷の西周《にしあまね》（日本近代哲学を築いた啓蒙思想家）にオランダ語を教えています。また、多仲はこのあと幕府の医官に採用され、東京大学医学部の前身のひとつである、お玉が池種痘所の設立に関わることになります。さらに、多仲が養子に迎えた池田謙斎《けんさい》（一八四一〜一九一八）は、日本最初の医学博士のひとりで、東京大学医学部の初代宗理（学部長）も務めた、日本近代医学の礎を築いた人物です。

次に茲監は、弘化四（一八四七）年、江戸深川の藩屋敷を売却して捻出した一万両をもとにして教育基金を創設し、安定的な教育資金の供給体制を確立しました。藩校「養老館」は、天明六（一七八六）年、八代藩主矩賢が創設したものですが、嘉永六（一八五三）年の大火によって焼失します。しかし、そのわずか二年後の安政二（一八五五）年には、殿町（現在養老館の遺構がある場所）に再建しています。このように、茲監は、文教政策には惜しげもなく財を投じていきました。

藩校の学則を制定した国学者岡熊臣

　さらに茲監は、養老館の教育内容の改革にも着手します。津和野の教育の中心にあった養老館は、創設後の約六十年間、幕府の勧める朱子学を学問の中心に置き、加えて武術を奨励して、文武両道を目指す教育を行っていました。これは、当時の他の藩校と比べてもそれほど特徴があるものではありませんでした。茲監は、従来の朱子学中心から国学を教育の核に据えようと、嘉永二（一八四九）年、藩内の木部《きべ》出身の国学者、岡熊臣《くまおみ》（一七八三〜一八五一）を養老館教授に迎えました。このとき熊臣は六十六歳で、当時としては高齢でしたが、熊臣の深い学識を知った藩主の強い希望による異例の抜擢でした。

　岡熊臣は、天明三（一七八三）年三月九日、津和野藩内にある富長《とみたけ》八幡宮の宮司《ぐうじ》岡忠英の長男として生まれました。岡家は、もとは津和野の最初の城主吉見氏の家臣でしたが、吉見氏が関ヶ原戦役の敗戦によって萩に退転したあと木部に留まり、亀井氏の篤遇を得ています。祖父、父ともに学問を好み、熊臣も早くから漢学や国学の手ほどきを受けました。十八歳頃から本居宣長の著書を筆写し始め、二十四歳のときには、最初の研究書を著しています。その後、出雲《いずも》国の千家《せんげ》俊信（本居宣長の門人）などにも師事し、二十五歳のとき江戸に遊学します。江戸では津和野藩邸にあって本居宣長の門人村田春門のもとで国学を学びました。約一年間の江戸遊学を終えて帰藩すると、以後は自宅で研究に没頭しました。三十一歳のとき出雲へ赴き、恩師の千家俊信の示唆によって『日本書紀』の研究に着手します。この研究がライフワークとなり、三十年後の弘化元（一八四四）年に、大著『日本書紀私伝』として結実をみることとなります。文化十二（一八一五）年頃から自宅で私塾「桜蔭館」を開いています。塾生は藩内だけでなく遠く長州からも多く集まり盛況だったといいます。またこの頃、同じ津和野藩の国学者、大国隆正の紹介によって、平田篤胤《あつたね》の門人になっています。文政三（一八二〇）年に父の隠居によって神職を継ぎ、十九年間勤めます。天保十（一八三九）年、五十六歳で弟の忠誠に家業一切を譲って隠居し、以後は研究と著述に専念します。そして、前述のように嘉永二年に藩主によって抜擢され、養老館の国学教授に就任したのです。

熊臣は、国学科、蘭医学科を設置すること、特に国学を養老館教育の中心に置き、「津和野本学」または「本学」と呼ぶこと、などを提唱します。

さらに熊臣は、養老館の学則を新たに定めています。その冒頭には「道は天皇の天下を治め給ふ大道にして開闢《かいびゃく》以来地に墜《おち》ず」とあります。これは、「道（政治の基礎となる学問、ここでは国学を指す）」は、現人神である天皇が天下を治める道、すなわち、日本古来の神々から伝えられてきた精神性にもとづくものである（筆者による大意要約）、と宣言しているのです。約六十年前の養老館設立当初に定められた旧学則の冒頭部分と比較してみましょう。旧学則では、「文は忠孝の大道を修めることであり（筆者による解釈／「文」とは学問のこと）」とありますが、ここにある「忠孝」とは、中国で発祥した儒教の考え方ですから、熊臣の撰文した新学則がまさに儒教から国学へと大きな方向転換を意図したことは明らかです。また、この新学則は、熊臣が三十年以上前に自らの私塾のために撰文したものを、はじめは国学科のみに適用したものですが、すぐに藩校全体に、さらには、幕末における藩全体の思想的指針にまで高められていきます。そして、この学則に象徴される津和野藩の国学思想は、のちに明治政府で要職を務める亀井茲監《これみ》や津和野藩士福羽《ふくば》美静《よししず》らを通じて、明治新政府の祭政一致政策と神道国教化策を思想的に支えるものとなっていきます。

　こうして藩校改革の中心的役割を果たした熊臣ですが、実際に養老館教授として教鞭を執った期間は短く、就任からわずか二年後の嘉永四（一八五一）年に、六十八歳の生涯を閉じました。

明治政府の宗教政策に影響を与えた大国隆正

茲監は、藩校の改革のために、もうひとり津和野藩出身の国学者を教授に招いています。それが大国隆正《おおくにたかまさ》（一七九二〜一八七一）です。

大国隆正は、寛政四（一七九二）年十一月二十九日、津和野藩士今井秀馨の長男として江戸桜田の津和野藩邸で生まれました。隆正は、生涯に、姓を今井から野之口、さらに大国と改めています。早くから学問好きの父に国学などを習い、十四歳で平田篤胤の塾に入って国学を修めるかたわら、幕府の学問所にも通って古賀精里《せいり》について漢学も学んでいます。ほかにも村田春門のもとで音韻学も学びました。隆正は、このように江戸住まいという利点から、多くの一流の塾や師に恵まれました。二十六歳のとき、五か月間長崎へ遊学し、洋学や蘭学も学んでいます。正隆は国学者を目指していましたが、当時は、国学者が洋学を積極的に学ぶことが異端視されており、そうした風潮の中で洋学を学んだことは、とても勇気ある行動だったといえるでしょう。そして、この洋学をもタブー視せずに取り入れる姿勢こそが、従来の古学から一歩も二歩も進んだ「大国国学」の基礎であり、最大の特徴でもあるのです。

文政十二（一八二九）年、隆正が三十七歳のとき、藩務に埋没して国学の探求に支障が出ることを嫌って脱藩を決行します。脱藩後の生活は苦しいものでしたが、江戸、大坂、播磨、京都と移り住みながら学問を積むにつれて、学問的名声は徐々に高まっていきました。こうした隆正の学識を聞き及んだ藩主茲監は、本来なら大罪である脱藩を一切不問として藩籍を復帰させ、嘉永四（一八五一）年、養老館教授に迎えました。隆正は、国学はもちろん、洋学や世界の地理・歴史を学習することも重要視し、こういった点が、隆正の学問の多様性と裾野の広さを示しています。

こうして岡熊臣によって育まれ、隆正によって高められた津和野藩の国学思想は、隆正の弟子の玉松操《たままつみさお》を通じて、岩倉具視らによる慶応三（一八六七）年の「王政復古大号令」に反映されました。また、明治新政府のもとでは、亀井茲監や弟子の福羽美静が神祇官《じんぎ》という宗教政策を司る役所の要職に就きますが、これも津和野藩の学問思想が大きく作用した結果だと思われます。隆正自身も、乞われて明治元（一八六八）年に神祇官の要職に就任しましたが、その三年後の明治四（一八七一）年、東京の旧津和野藩邸で七十九歳の生涯を閉じました。

こうして藩主茲監のリーダーシップのもと、津和野藩の優れた国学者らによって、国学を中心としつつ、実学としての西洋学なども重要視するという養老館教育の特色が明確に打ち出されました。こうした藩校改革の成果は、幕末から明治期にかけて、小藩でありながら、西周や森鷗外に代表される多くの優れた人材を輩出し、文教の町津和野の礎を築いてゆくことになります。

亀井茲監の情報戦略

話が少し前後しました。幕末史に戻ります。幕府が長州藩を打倒しようとした軍事行動、いわゆる長州征討は、元治元（一八六四）年と慶応二（一八六六）年の二度にわたって起こりました。亀井茲監は、自藩のつい目と鼻の先で起ころうとしているこの重大事への対応について、藩論の統一を図るべく、全藩士の意見を聴取しています。また、それまでにも、混沌を極める政局の情報を収集するために各地に有能な藩士を派遣しています。それは、嘉永六（一八五三）年に起きたペリーの浦賀来航の状況調査に藩士を派遣したのに始まり、文久二（一八六二）年頃から急増していきます。茲監の業績をまとめた伝記『於杼《おど》呂我中《ろがなか》』に記録されているだけでも、文久二（一八六二）年から慶応三（一八六七）年の六年間で、延べ約一九〇名の藩士を、京都、大坂、江戸、九州、長州、広島などへ派遣していることがわかります。

茲監は、こうして収集した情報を慎重に分析するとともに、広く藩士らの意見も聴取して、幕府、長州のどちらにもつかない、あるいは、少なくとも明確にしない立場、つまり中立・傍観を徹底する方針を決定し、それを最後まで貫きました。当時は、「幕府につくか、長州につくか」のただ一点が、小藩津和野の命運を決定的に左右するものだったため、支配層の上級武士にとどまらず、下級武士から領民に至るまでの最大の関心事でした。徳川幕府はその支配力にかげりがみえ始めたとはいえ、二五〇年以上にわたって日本を支配統治してきた実績があり、まだまだ支持する諸藩も多くいます。その幕府を引き続き支えるのか、それとも、新興勢力として勢いをみせるとはいえ、その実力の真価がいまだ判然としない長州藩に代表される反幕府勢力を支持するのか、といった判断は非常に難しいものでした。そのうえ、前述したような津和野藩の地理的条件もありました。

行動派国学者福羽美静

そうした状況で大きな役割を果たしたのが、玆監の懐刀として神出鬼没の活躍をみせた福羽美静《よししず》（一八三一～一九〇七）です。美静の卓越した情報収集力と分析力によって、津和野藩は激動の維新を無傷で乗り切ったばかりでなく、山陰の小藩でありながら、藩主玆監をはじめ美静ら津和野藩士の多くが明治新政府の中枢の一角を占め、日本の政治を左右する立場を得た時期もあったのです。

福羽美静は、天保二（一八三一）年七月十七日、父福羽美質《よしね》が代官として赴任していた藩内の木部、山下村で生まれました。通称は文三郎、号には木園、硯堂などがあります。

なお、「美静」の読み方は、「よししず」が正しいとする人が多いようですので、本書ではそれにしたがいますが、しばしば「びせい」と音読みもされます。なお、父親の名「美質」の読み方「よしね」を念頭において考えると、「よしず」と読むのが理に適っているという意見もあります。不幸にして、九歳のとき近くに来た軽業師の真似をして綱渡りで遊んでいて落下し、腰部を強打して大怪我を負いました。なかなか完治しないので、両親は温泉治療などさまざまに手を尽くしましたが、ついに身長の発達に障害が残ってしまいました。幼くして失意にあった美静でしたが、父の友人から「身体の障害に負けず勉学に励み、有用の人材となり、世の尊敬を得よ」という激励の言葉によって奮起し、幼少期から青年期にかけては、ひたすら学問に打ち込んで過ごしました。

嘉永二（一八四九）年、十八歳で藩校養老館に入学すると、二年後には、その俊才ぶりが藩主に認められて国学を専攻するように命ぜられ、嘉永六（一八五三）年には、京都にあった津和野の国学者、大国隆正の私塾「敬本学舎《けいほんがくしゃ》」に入舎しました。ここでは、師の大国隆正は多忙によって留守がちだったため、美静は知り合いの家に通って、そこにあった蔵書を読み漁ったといいます。このとき美静が出入りした場所は、向学心に溢れた諸国の青年たちの溜まり場でもあったため、ここで彼らと大いに議論を闘わせるなどして、講義や書物以外の見聞も深める機会に恵まれたようです。

安政五（一八五八）年九月、美静は一旦帰郷して養老館の「本学」世話役となりました。津和野の養老館では、国学を教育の中核に置き「津和野本学」または「本学」と呼んだことは、前述したとおりです。また、同年十一月には江戸へ、翌六（一八五九）年三月には、再び京都へ移ってさらに勉学を積みました。万延元（一八六〇）年四月、再び帰郷すると、その後の約二年間は、後進のために藩校で教鞭を執っています。

文久二（一八六二）年になると、一月に坂下門外の変が、四月に寺田屋騒動が、八月に生麦事件が起こるなど、日本を揺さぶる重大事件が次々に起こり、時局はいよいよ混沌としてきました。養老館教授としての二年間で、藩主の厚い信任を得ていた美静も、混迷を極める時局の動静を探るために、同年、抜擢されて京都に赴くことになり、このときから、幕末の志士として本格的な活動を開始します。

長州藩の動きと津和野藩

文久三（一八六三）年八月十八日、会津・薩摩両藩を中心とする公武合体派が、長州藩士らの攘夷派を京都から追放しました。これが世にいう「八月十八日の政変」です。同時に尊攘派の公卿、三条実美《さねとみ》ら七人も追放され、長州へ下りました。「七卿落ち」と呼ばれる事件です。美静もこのとき京都から帰藩し、藩命によって七卿を慰問するために長州に赴き、三条らと面会しています。

また、元治元（一八六四）年七月には、「禁門の変」が起こりました。これは「蛤御門《はまぐりごもん》の変」とも呼ばれる事件で、先の八月十八日の政変で劣勢となった長州勢が勢力回復をねらって上洛し、蛤御門付近で会津・薩摩連合軍と戦った事件です。戦いは長州軍敗北に終わりました。このとき美静はいち早く大坂に出て情勢を探っていますが、この禁門の変を発端として、同年八月、第一次長州征討の令が発せられ、長州に隣接する津和野藩にも、幕府から長州を征討せよとの令が下されています。津和野藩は、表向きは幕命にしたがう姿勢をとることとしていたため、それまで尊攘派として長州藩に出入りするなどの活動をしていた美静をそのままにしてはおけず、閉居（謹慎）を命じています。しかし、これは、当然のことながら幕府の手前をつくろった建前に過ぎません。藩主はこの間、手隙になっていた美静に、藩内の仏寺整理などの仕事をさせています。

茲監は、慶応二（一八六六）年四月頃、長州藩に対して「我が藩は表面的には幕府に従うが、長州攻めを不当だと認識している」旨を伝えて了解を得ています。また、同じ頃、美静も直接長州に出向いて、長州の軍勢が津和野城下に入らないことを約束させるなど、念入りな意思確認を重ねています。そもそも津和野は、古く戦国時代の吉見氏時代には山口大内氏の家臣であると同時に姻戚関係もあったことから、いわゆる「善隣の好《よしみ》」を通じていました。その歴史は長く、領主家階層だけでなく、広く家臣や領民に至るまで姻戚関係を結ぶ者も多くいたことから、文化面や経済面でも強いつながりが育まれていました。津和野文化を代表する「鷺舞《さぎまい》」が山口を経由して移入されたことは、その象徴といえるでしょう。しかし、そんな関係の両藩であっても、混沌を極める幕末期においては，こうして改めて善隣の好を確認する必要があったのです。

幕府軍目付長谷川久三郎の津和野入り

しかし、慶応二（一八六六）年五月、両藩の関係に緊張をもたらす事態が発生します。幕府の軍目付、長谷川久三郎《きゅうざぶろう》一行が、幕府親藩で津和野の隣藩である浜田藩に入り、津和野藩入りを求めてきたのです。驚いた玆監は、福羽美質《よしね》（美静の父）らを急遽浜田に派遣して、津和野入りを思い止まるように長谷川に進言しました。表向きは幕府にしたがう振りをしながらも、本心は長州とともに討幕を目指していると長州藩に説明している津和野藩が、幕府の重臣を簡単に藩内に入れてしまうと、長州に疑念を生じさせる可能性があったからです。しかし、長谷川はこれを聞き入れず、同月十四日、津和野藩領である美濃郡横田村に入り、その二日後には津和野城下の永明寺《ようめいじ》に、さらに六月三日には、城下の中心部にある養老館に陣取りました。幕府への忠誠を建前としている津和野藩としては、これを阻止することが出来ませんでした。この軍目付の対応一つによっては、幕府と長州の双方から強い疑念をもたれる可能性をはらむこの状況に、津和野藩全体が最大の緊張感に包まれました。美静が長州藩に出向いて津和野城下へ進軍をしないよう再確認したことは前述しましたが、それはちょうどこの頃です。微妙な事態を迎えて、念入りな再確認に努めたことがわかります。

軍目付引渡しを巡る藩境での攻防

同年六月十七日、緊急事態が発生しました。長州藩の杉山七郎が津和野藩領の市尾村《いちのお》にやってきて面談を求めたのです。すぐに津和野藩の側用人の要職を務める清水格亮《ただすけ》らが市尾村に急行しました。杉山は「幕府の軍目付が貴藩の城内に駐留していると聞いた。我が藩の中にはこれを聞いて激高している者も多い。即座に軍目付を我が藩に引き渡されよ。それができなければ、武力に訴えることにもなり、多年の隣交も一朝にして空しいものとなる」と激しく詰め寄りました。津和野藩が最も恐れていた事態です。清水は、努めて穏やかな口調で、しかしできる限りの言葉を尽くして、津和野藩が置かれた苦境を説明し、長州藩との長年に及ぶ善隣の好《よしみ》にはいささかの揺らぎもないことを訴えました。杉山は、徐々に理解を示し、最後には軍目付の引き渡し要求を撤回して、長州藩内の嘉年《かね》村に駐屯している部隊へ合流すべく市尾村をあとにしました。

こうして杉山一行の件はなんとか凌ぎましたが、このあと、長州藩は改めて、正式に津和野藩に対して軍目付の引き渡しを要求しています。その交渉には美静があたり、軍目付が「長州藩視察」の名目で長州に入ることを長州藩と軍目付けの双方に進言して、了承を取り付けました。引き渡し（両藩にとっては「引き渡し」だが、軍目付にとっては視察での長州入り）は、六月二十七日に福羽美質が付き添って（実態は護送兼護衛）、藩境の野坂口で行われました。幕府軍目付の平和的視察を建前にしている以上、長州藩としても軍目付を攻撃することはできず、軍目付の安全を確保しつつ、軍目付の役目遂行も保証した形となりました。この緊張した局面を乗り切ったのは、美静の智恵と機転の賜物です。

こうして長州入りした軍目付長谷川久三郎一行は、長州藩内に約二か月留まり、同年八月二十九日、長州藩士井原小十郎らによって津和野藩に無事送還されています。一行は、津和野で数日間高崎《こうさき》亀井邸（藩主家亀井家の分家の屋敷。藩内中座にあった）に投宿したのち、広島を経由して幕府に帰還しています。

和解の宴で謡曲「羅生門」を唱和

藩境での緊迫事態はほかにもありました。前述した市尾村での軍目付引き渡し交渉の翌日（慶応二年六月十八日）に、長州徳佐境《とくささかい》の野坂口に別の長州軍部隊が押し寄せ、野坂峠を通過して津和野城下を進軍させろと迫ったのです。以前、福羽美静が長州藩上層部と交渉して、長州軍は津和野藩内には入らない、という約束を取り付けていたのですが、こうした混乱の中では、上層部の合意事項が必ずしも末端にまで徹底していなかったようです。前日、市尾村で交渉に成功した清水格亮らはほっとする間もなく、野坂に急行しました。

始めは、「通せ」「通さぬ」の押し問答でしたが、粘り強い清水の説得がようやく功を奏し、長州軍には津和野城下を避けて木部から青原村へと迂回（このコースも津和野藩領内）してもらう代わりに、津和野藩としてはそれを黙認することで合意をみました。もし、長州軍が城下中心部を通過すれば、意気盛んな津和野藩兵士たちが攻撃を仕掛けるかもしれず、また、幕府側からの疑念も再燃しかねません。そうなれば、たちまち城下町全体が戦火に包まれる可能性も十分ありました。まさに津和野城下を救った瞬間でした。なお、言い伝えによれば、この交渉成立後、両藩士がその場で祝杯を挙げながら、謡曲『羅生門』の一節を唱和して談笑したということです。この逸話をもって、津和野地域では、祝宴の始めに『羅生門』のこの一節を謡うのが、二十一世紀の現在でも続いているならわしとなっています。この津和野の風習は、津和野の幕末維新史の一幕に由来する「津和野文化」のひとつだといえるのではないでしょうか。このとき唱和された一節は、次の部分です。

　伴なひ語らふ諸人《もろびと》に　御酒《みき》を酭《すす》めて　盃を
取り取りなれや梓弓《あずさゆみ》　彌猛心《やたけごころ》のひとつなる
兵《つわもの》の交はり　頼みある中の　酒宴かな

　この交渉成立の場面で、なぜ、この一節が選ばれたのかは、よくわかりません。というのは、お分かりのように、この詞は特に「祝い」というわけではなく、武士の勇猛さと友情を讃えたものだからです。なお、謡曲『羅生門』は、平安時代の英雄的武将、源頼光が登場する能楽のひとつで、室町時代の能楽師、観世《かんぜ》信光（一四五〇～一五一六）作の謡曲です。大江山での鬼（酒呑童子）退治を終えた頼光らが酒宴を開いて談笑する場面の一節です。頼光らはこの酒宴のあと、平安京の羅生門（もとは「羅城門」だった）に出没するという鬼を退治することになります。関連としては、芥川龍之介が大正四（一九一五）年に、『今昔物語集』（平安末期成立した作者不詳の説話集）にある羅生門の逸話をもとにした小説『羅生門』を発表していますし、黒澤明が昭和二十五（一九五〇）年に同名の映画『羅生門』を発表しました。ただし黒澤映画の『羅生門』は、芥川の別の小説『藪の中』

（大正十一年）を原作としていて、芥川の『羅生門』からは、題名と舞台背景などを取り入れています。

美静、幕府の劣勢を説く

慶応二（一八六六）年六月、第二次長州征討が本格的に始まると、藩主茲監はこれについて美静の意見を求めました。美静は、それまでの諜報活動から、朝廷や諸藩には長州再征に反対する意見が強いこと、長州藩内では、第一次長州征討後、それまで実権を握っていた幕府恭順派に代わって、高杉晋作らの倒幕派が実権を奪還しつつあること、さらには、これまで犬猿の仲とされていた長州藩と薩摩藩に同盟（薩長同盟）の動きがあること、などの情報を得ていたと思われ、それらを総合して、この戦い（第二次長州征討）においては、幕府が劣勢にある（または「なる」）ことを藩主に説いています。なお、「薩長同盟」は、慶応二年一月二十一日、坂本龍馬の仲介によって、長州の木戸孝允と薩摩の西郷隆盛の間ですでに結ばれていましたが、「密約」だったため世には喧伝されていませんでした。これまでの情勢から、この二藩の連合は絶対あり得ないと思われていましたが、強大なこの二藩の連合によって政局の流れは一変し、一気に倒幕から明治新政府樹立への道を決定付けることになります。

事実、幕府はこの第二次長州征討の失敗によって権威を完全に失墜し、瓦解に向かうきっかけとなるのです。

長州「俗論派」領袖椋梨藤太、津和野藩で逮捕される

その後の長州藩の情勢を、引いては日本全体の政局を大きく左右することになる、長州藩内における、幕府恭順派と倒幕派の逆転劇については、先ほどわずかに触れましたが、これに関して、津和野藩内で大捕り物が起きました。それは、長州藩内での抗争に敗れて逃走を試みた、俗論派の領袖、椋梨藤太《むくなしとうた》（一八〇五〜一八六五）の逮捕劇です。

まず、この事件に至る経過を簡単に追っておきます。第一次長州征討に敗北した長州藩は、元治元（一八六四）年九月二十五日の藩主御前会議の結果、幕府恭順を藩の方針とすることが決定しました。その幕府恭順派は「俗論派」と呼ばれ、その一派の領袖が椋梨藤太です。なお、俗論派と命名したのは高杉晋作だという説があり、高杉は俗論派に対する自らの一派を「正義派」と称しました。俗論という言葉は、一見蔑称に感じられますが、一方で、広く民衆らの意見も取り入れたいという趣旨を込めている、ともいわれます。椋

梨は、自派の考えを徹底するため、反対派の中心人物、周布《すふ》政之助（一八二三〜一八六四）を自害に追い込んだほか、三人の家老を切腹させるなど、次々と粛清を進めていきます。なお、この頃椋梨は、津和野藩に対して、長州藩から津和野藩に脱走者が潜んだ場合は、逮捕した上で引き渡してほしい、という趣旨の依頼をしています。この依頼が、のちに椋梨自身に降りかかることになるとは、思ってもいなかったことでしょう。実は、椋梨はこれまで、藩内の政変ごとに何度も失脚と復活を繰り返した、数奇な運命の人ですが、この俗論派の台頭からわずか半年後に、最後の失脚を迎えることになります。

幕府恭順を受け入れることができない高杉晋作（一八三九〜一八六七）は、一旦九州に逃れていましたが、下関に戻り、元治元（一八六四）年十二月十五日に伊藤俊介（のちの博文）らとともに功山寺で挙兵し、反撃の狼煙をあげます。その後、長州藩は内戦状態に陥りますが、高杉の正義派は、大田絵堂《おおたえどう》の戦いなどの激戦を制して、ついに藩の実権を掌握し、椋梨ら俗論派を排除することに成功します。

椋梨を含む十二名の俗論派は、翌慶応元（一八六五）年二月十四日、俗論派に理解を示していた岩国の吉川家を頼ろうと、江崎港を経由して岩国に向うべく、萩を船で出発します。しかし、荒天のため、目指していた江崎港には着けず、津和野藩領の飯浦《いいのうら》に着岸してしまいます。やむを得ず津和野藩に入った一行は、今度は陸路を選び、同じく津和野藩領内の青原村に入り、十五日に青原庄屋の原田家に宿を求めました。明らかに隣藩からの脱走者とわかるだけに、原田庄屋は始め戸惑いましたが、しばしの休息だけで早々に出発するならと、休息所を提供します。しかし、なぜか、一行は十六日の夜が更けても出発する気配がなく、原田庄屋は困惑します。実は、椋梨らが青原に潜伏していることは萩の奇兵隊にはすでに知られており、青原の近くに小隊約一〇〇名が展開していました。こうした緊張の事態を受けて、津和野藩も渡辺積、羽田均らの隊六〇〇名を出兵させます。この潜伏事件は、津和野藩内における出来事であると同時に、以前長州藩（実は椋梨本人）から潜伏者の逮捕・引き渡しの依頼があったこともあり、津和野藩と奇兵隊の協議の結果、捕縛は津和野藩隊が行うことに決まりました。こうして、翌十七日に椋梨一派は捕縛され、それを見届けた奇兵隊も引き上げました。逮捕劇は凄惨なものになるかと思われましたが、周辺集落を少し騒がせただけで、粛々と行われたようでした。その後津和野藩は速やかに「椋梨逮捕」の一報を萩に伝え、同月二十四日に江崎の西法寺で一派を引き渡して、津和野藩でのこの騒動は落着しました。一派の中には、須佐から萩に護送される途中で自決した者もいたようですが、椋梨藤太は、一旦萩の野山獄に収監され、慶応元年五月二十八日に斬首されました。また、逮捕からわずか十日後の二十八日には、長州藩主毛利家から津和野藩主亀井家に対して、謝辞と贈品があったということです（この椋梨事件に関する記述は、二〇一二年四月発行「郷土石見第八十九号」に所収の内谷知執筆『椋梨藤太の逮捕劇』を参考にした)。

この椋梨事件のように、長州に隣接する津和野藩や天領日原《にちはら》は、しばしば維新の騒動の場になることがありました。旧日原町の民俗学者大庭良美《おおばよしみ》が地元の古老から聞き書きしてまとめた著書『石見日原村聞書』(一九七六年、未来社)に、民衆の側から見た椋梨事件の貴重な証言がありますので紹介します。引用文末尾の丸括弧内に書いてあるのは、順に、住居地、氏名、〔聞き取り時の年齢〕、聞き取りの年月、です。

山口県では維新後勤皇派と佐幕派に内輪もめがあって、その一派の家老の邸が須佐にあった。ここから三人私のところへ逃げて来たのでかくもうて、追手が来るのでかみの酒場へ移して、坊さんにしたり町人にしたりして姿をかえて吉賀から広島へ落した。追手が二、三人乗り込んで来たがおらんというたので立ち去った。逃げた三人は二人は殺され、一人だけ助かった。 (日原　水津直太郎〔八九〕昭三六・一)

昭和三十六(一九六一)年に八十九歳でこれを語った水津直太郎さんは、明治五(一八七二)年生まれなので、慶応元(一八六五)年の椋梨事件を直に見たわけではないのですが、父親などにかなり生々しい話しとして何度も聞かされたのではないでしょうか。「坊さんにしたり町人にしたりして」のところは微笑ましいながらも切羽詰った感じがしますが、

「二人は殺され、一人だけ助かった。」と淡々と語っているところなどは、妙にリアルな描写だと感じます。もうひとつ挙げましょう。こちらは第二次長州征伐の様子です。

浜田には先鋒隊、長州には奇兵隊というのがおりました。長州騒動の時も津和野は国が細いのでどっちへもつかず中立でありました。奇兵隊というのは袴に攻めだすき、後鉢巻をして旗を背にかるうておりました。長州騒動で先鋒隊と奇兵隊が戦争した時、奇兵《ママ》隊（「先鋒隊」の誤りか／筆者注）の落ちぶれが一人宝泉寺へ逃げて来ました。（中略）その人はたずね人になって背戸の山へ上って逃げました。

（脇本　岸田六太郎〔八〇〕昭和一四・五）

こちらの語り手岸田六太郎さんは、聞き取りに応じた昭和十四（一九三九）年に八十歳ですので、生まれは安政六（一八五九）年、このときには七歳ということになります。この年齢なら、ひょっとすると当時の雰囲気くらいはおぼろげに覚えているかもしれません。語った内容の詳細は、おそらく後付けの情報だと思いますが、奇兵隊の戦闘姿の描写や「背戸の山へ逃げました」などは、実際に見た人にしか語れないようにリアルな内容です。なお、「筆者注」にも書きましたが、語りの中の「奇兵隊の落ちぶれ」は、六太郎さんの記憶違いか、聞き取った大庭良美の間違い、もしくは誤植だと思います。戦況からして、勝者の奇兵隊が「落ちぶれ」るということはあり得ず、敗者の先鋒隊だと考えられるからです。

また、「津和野は国が細い」とありますが、この「細い」は「細長い」の意味ではなく、「小さい」という意味の方言です。現在は、「細い」を「小さい」の意味で使う人はほとんどいませんが、少し前にはこういう使い方をするお年寄りはたくさんいました。また、この「細い」は、「少ない」や「若い（年齢が少ない）」の意味で使うこともあり、例えば、筆者の岳父（大正十一年生まれ、故人）は、「二人兄弟のうちの細いほう（＝「弟のほう」という意味）」という言い方をよくしていたのを思い出します。

最後の内戦「戊辰戦争」へ

また、話が脇にそれたので戻します。

中央の政局は、慶応三（一八六七）年になって大きく動きます。まず、慶応三（一八六七）年十月十四日、徳川第十五代将軍徳川慶喜が政権の返上を明治天皇に申し出て、翌日勅許された出来事、いわゆる「大政奉還」が起こりました。また、同年十二月九日には、「王政復古の大号令」といわれる政変、つまり、前日の会議で赦免を許されたばかりの岩倉具視（岩倉はそれまで蟄居を言い渡され失脚していた）を中心として、幕府廃止や新政府樹立などを宣言した政変が起きました。

王政復古の大号令によって、本のページをめくるようにすんなりと国の体制が刷新されるわけではなく、しばらくは新政府軍と旧幕府軍の間で混沌とした内戦状態が続くことになります。その内戦状態を構成した複数の戦闘事態（鳥羽伏見の戦いから函館戦争まで）を総称して「戊辰戦争」と呼びます。まず、その端緒となった鳥羽伏見の戦いは、慶応四（一八六八）年一月三日、王政復古の大号令のあと、旧幕府軍と新政府軍（薩長連合軍）の間に起こった戦闘で、同月六日には薩長軍の勝利によって決着がついています。このあと、北越戦争、会津戦争、秋田戦争などと戦闘は繰り返されますが、ことごとく新政府軍の勝利または優勢が続き、明治二（一八六九）年五月十八日に終結した箱館戦争（五稜郭の戦いで有名）も旧幕府軍の敗戦によって戊辰戦争は終結し、幕府の壊滅が決定的となりました。

明治新政府の宗教政策と津和野

明治新政府の黎明期において、津和野藩の人々が政府の中枢に位置取り、中心的な役割を果たした分野があります。慶応三（一八六七）年十二月の王政復古の大号令の中心人物であった岩倉具視に大きな思想的影響を与えた国学者、玉松操（一八一〇〜一八七二）は、若いときに津和野藩の大国隆正を師とした人物であり、明治新政府が最初にとった祭政一致策や神道国教化策には、玉松を通じて大国隆正の国学思想が影響を与えています。

また、明治政府は最初、その祭政一致、神道国教化の具現化として、太政官の上に神祇官という役所を置きましたが、その神祇官副知事には亀井茲監が、同判事に福羽美静が、さらに権判事に大国隆正が、それぞれ就任し、事実上、明治政府の宗教政策の実権は津和野藩出身者が握る形となっていました。茲監らは、すでに津和野藩内で実施していた宗教政策の成果を踏まえて、明治政府で実施していきます。

そして、この神道国教主義を核とした祭政一致政策は、おのずと信教の自由を制限することになり、やがては、キリスト教徒弾圧へとつながることともなりました。津和野の乙女峠（「乙女峠」は現在の呼称で、当時は光琳寺という寺院の跡地）は、長崎浦上から連行したキリスト教徒に改宗を迫って弾圧し、最終的に三十七人もの殉教者を出した悲惨な歴史を今に伝える場所です。津和野藩のキリスト教徒弾圧史については、のちほど詳述します。

明治新政府での福羽美静

明治新政府は、前述したとおり、慶応三（一八六七）年十二月九日の王政復古の大号令によって、摂政・関白・将軍を廃し、総裁・議定・参与の三職を設置した時点において樹立したとみなされます。その後、これもすでに述べたとおり内戦状態は続きましたが、一方で、新政府の体制確立は粛々と進められ、慶応四（一八六八）年三月十四日に五箇条の御誓文発布、同年四月の江戸城開城、同年七月十七日には江戸を東京と改称、同年九月八日には元号を明治へ改元するなど、次々と維新が進められていきました。なお、西暦一八六八年の元号表記については、書籍や論文によって慶応四年と明治元年の両方（または混用）がみられます。これは、同年九月八日の明治改元を境として慶応と明治を使い分ける考え方と、明治改元は九月八日だが、明治を一八六八年一月一日に遡って適用する（つまり慶応四年は存在しないと考える）という考え方の二つがあるからのようです。本書では、一八六八年九月七日までを慶応四年、同八日からを明治元年と表記します。

この新政府で、福羽美静はどんな仕事をしたのかをみてみましょう。まず、慶応四（一八六八）年四月の天皇の大坂行幸に際して古事記の進講を行っています。なお、「大坂」「大阪」の表記については、古くは「大坂」と表記されていましたが、江戸時代中期頃には

「大阪」も併用されるようになり、慶応四（一八六八）年五月二日に新政府が「大阪府庁」を置いたときから「大阪」が正式表記とされました。したがって、本書では、この天皇行幸時には「大坂」と表記するのが正しいと考えます。また、同年亀井茲監が天皇の「即位新式」を作るように命ぜられると、美静が草案を作成して亀井茲監の名で奏上され、それに基づいて実際の明治天皇の即位大典が行われました。なお、この美静による草案は宮内庁に保存されていますが、草案の下書きが現在、津和野郷土館に保存されています。筆者が津和野町教育委員会に勤務していたとき、平成二（一九九〇）年一月から行われた今上天皇（明仁）の即位礼の執行に先立って、宮内庁職員数名が、「参考のために」と美静の即位新式草案下書きの閲覧のために郷土館を訪れたことを記憶しています。

美静は、明治四（一八七一）年一月には歌道御用掛に、同年八月には神祇大輔《じんぎたいふ》にそれぞれ就任し、続いて明治八（一八七五）年七月には元老院議官兼二等侍講として立法にも参画しています。また、明治十二（一八七九）年に東京学士院会員に、明治二十（一八八七）年には「子爵」の爵位を授与されました。明治二十三（一八九〇）年に日本初の議会である帝国議会が発足すると同時に、初代貴族院議員にも当選しています。こうして新政府では、本来の国学者、歌学者としての深い学識によって、その中枢で活躍を続け、明治四十（一九〇七）年八月十四日、七十六歳で永眠しました。美静の業績を讃える頌徳碑が、津和野町山下の生誕地と津和野高校に隣接する嘉楽園（旧藩邸庭園）の二か所に建立されています。

亀井茲監の「廃藩置県」建議

明治初頭の地方行政を整理しておきます。明治二（一八六九）年六月十七日に実施された「版籍奉還」によって、それまでの藩主はすべて「知藩事」に任命されました。版籍奉還とは、各藩主が支配・領有していた土地（版）と人民（籍）を朝廷に返還（奉還）したことです。つまり、この時期は、藩はそのまま存続しつつ、藩主の呼び名が知藩事に変更されたということになります。知藩事の権限は、藩主に比べて一部縮小されていましたが、一般民衆から見れば、それまでとの変化は、あまり感じられなかったようです。なお、知藩事はこのとき定められた正式な官職名ですが、藩名を冠する場合は、例えば「津和野知藩事」ではなく「津和野藩知事」と慣例的に言っていたようです。歴史記述においてしばしば、「知藩事」と「藩知事」が混在するのは、そのためです。

版籍奉還に続けて、明治四（一八七一）年七月十四日、政府によって「廃藩置県」が実施されました。廃藩置県は、この日の午後二時頃、明治政府が在東京の知藩事（旧藩主）

五十六人を急きょ皇居に召集して、一方的に「藩を廃し県を為《な》す」と天皇が宣言したことをいいます。この頃はまだ、多くの知藩事や政府要人が、地方制度の急激な改革は時期尚早と考え、藩はとりあえず存続するものと考えていただけに、その衝撃と反発は大きく、王政復古に次ぐ第二のクーデターとみなす歴史学者も多くいます。こうして、明治政府の地方制度改革は、またひとつ駒を進めていきます。これは、地方制度の改革であると同時に、国の統治機構自体の改変ですので、この日をもって、二五〇年以上続いた江戸幕藩体制が崩壊し、明治中央集権国家が誕生したことになります。

その歴史的な廃藩置県宣言の日に先立つこと約五十日の同年五月二十二日、津和野藩知事、亀井茲監は、朝廷に「廃藩建議書」を提出し、同時に知藩事の辞表も提出しました。なお、先行して出版された書籍において、茲監が「全国諸藩に先がけて」あるいは「列藩に先がけて」廃藩を建議したとする記述を、しばしば目にすることがありますが、その表現はいささか正確さを欠き、あたかも、亀井茲監の建議が、全国諸藩のトップを切ってなされたような誤解を招くおそれがあります。また、「先がけて」と書いているにも関わらず、他藩の状況をまったく紹介していないのも、客観性に問題があるように思います。茲監の建議について正確に表記すれば、「明治四年七月十四日の政府による廃藩置県に先がけて」とでもすべきだと思います。さらに、茲監の廃藩建議の本当の価値は、出された時期や順番ではなく、その建議内容にあります。先行書籍は、最も大切なそのことにもまったく触れていません。

では、なぜそういえるのかについて、説明していきます。まずは、事実関係を確認しておきましょう。なお、説明の前に断っておきますが、廃藩に関する知藩事の行動には、廃藩の建議または申請と、それに伴う知藩事の辞表提出があり、それを受けて実際に明治四年七月十四日以前に廃藩（知藩事の辞任の承認）が実施された場合とされない場合がありました。また、建議（申請・辞表提出）したが却下され、もう一度申し出たのちに認められた藩がある一方で、却下後の再申請をしなかった藩もあるなど、非常に複雑な状況があります。ここでは、そうした詳細については、適宜割愛しながら、津和野藩の状況に絞って説明を進めていきます。

明治四年七月十四日の政府の廃藩置県宣言以前に廃藩建議（または申請）と知藩事の辞表提出を行なって、実際に廃藩・辞任が認められた藩は全国で十三藩あります。そのうち、津和野藩は、建議（辞表提出）、廃藩実施ともに十三藩中十二番目でした。なお、全国で最初に廃藩を建議したのは、明治二年十月（日は不明）に提出した狭山藩知事北条氏恭（河内・一万石）で、狭山藩の廃藩は、同年十二月二十六日に実施されています。この事実から、玆監の廃藩建議について、全国諸藩の中での順位的なことを述べる場合、「全国諸藩に先がけて」という表現は適切ではないと思います。（以上、諸藩の廃藩建議に関するデータは勝田政治『廃藩置県近代国家誕生の舞台裏』角川ソフィア文庫を参考にした）

また、先にも少し触れたとおり、玆監の廃藩建議が真に評価されるべき点は、その時期や順番ではありません。この建議書で玆監は、新しい国の体制を確立するためには、旧態然とした藩を廃し県を置くべきという考え方を示しました。そこには「列藩ヲ廃シ、県治ヲ置キ」の文言が明記されています。津和野藩より早く廃藩・辞任を申し出た十二藩の石高をみると、九藩が津和野より小さい三万石以下の小藩です。その建議書に記された廃藩を希望する理由のほとんどが、財政の逼迫によって藩政が維持できないことを挙げていますし、中には自藩の解体を願い出るばかりで、今後の地方体制のあり方について、一知藩事としてまったくビジョンを示していないものも多いのです。その中で玆監の廃藩建議は、堂々と郡県論の立場による廃藩論を主張し、自藩の財政事情については、一切触れていません。松尾正人『廃藩置県——近代統一国家への苦悶』（中公新書）によれば、長州出身の木戸孝允が津和野藩の廃藩建議を高く評価したといいます。その部分を引用します。

（前略）津和野藩は、府藩県三治一致が名のみで実があがっていないとし、列藩を廃して全国をことごとく郡県治とすべき旨を上表した。（中略）木戸は、この津和野藩の廃藩願を「百藩御誘導の一端とも奉存」と称賛した。財政の破綻でよぎなくされたものではなく、純真に郡県達成のさきがけを企図した行為と評価している。藩知事《ママ》亀井茲監は従三位に叙せられ、「将来の治体を達観」した建言を「満足に被思召候」とする「聖旨」が伝達されたのである。

引用文中の「百藩御誘導の一端」とは、諸藩のリーダーとなるべきすぐれた考え方だというような意味でしょう。当時の政府で最も実力を持っていた木戸孝允に評価され、天皇から「聖旨」が伝達されるほどの評価を受けた茲監の先見性と大局観こそ、大書しなければならないと考えます。

亀井茲監のこの建議書（起草は養老館助教・大岡哲）と辞表は、約一か月後正式に受理され、津和野藩は直ちに浜田藩に合併となり、茲監は知藩事を免ぜられました。ここに、一六一七年に亀井政矩が因幡国から津和野へ入封以来、二五四年にわたった亀井津和野藩は幕を閉じ、明治という新たな時代が始まることとなります。

幕末の志士になった天才和算家と
津和野藩和算三大家

これまで見てきたように、福羽美静は、幕末期の早い時期から藩主の懐刀としてまさに八面六臂《はちめんろっぴ》の働きを見せ、明治以後も引き続き政府の要人として活躍しましたが、美静と同じように藩主の厚い信任を得て志士として奔走しながらも、若くして命を落とした藩士もいました。そんなひとりに、天才数学家、桑本才次郎がいます。ここでは、数奇な運命を歩んだ才次郎の生涯を振り返るとともに、幕末維新史から少し遡って、才次郎を育んだ「津和野藩和算三大家」についてもみておきたいと思います。

天才和算家、桑本才次郎

津和野藩和算三大家の師弟関係の最後を飾る、桑本才次郎（一八三〇〜一八六三）の数学者としての業績をみておきたいと思います。

桑本才次郎は、天保元（一八三〇）年、津和野に生まれ、諱《いみな》は正明、号には毅山《きざん》、衣帛《いきん》堂《どう》などがあります。早くから逸材ぶりを発揮し、養老館数学教授の木村俊左衛門（本書の堀田仁助の項で後述）について和算を学び、嘉永二（一八四九）年、わずか十九歳で養老館の関流数学世話方になっています。

津和野藩城代家老多胡逸斎《いっさい》（一八〇五〜一八五七）は、早くから才次郎の数学的才能を見出していたので、藩主にも進言して、高野長英の門人である内田五観《いつみ》の私塾に自ら紹介状を書いて入塾させています。内田五観は、蘭学、天文学、数学に優れた学者で、当時の関流数学の主流をなす学派の中心人物でした。また、文人家老の多胡逸斎は、通称を丹波といい、家老職にあって、広く和漢蘭の学問に精通していました。また、壮年期から著名な画家、谷文晁《たにぶんちょう》について南画を学び、藩の内外に多くの作品、特に山水人物画の逸品を多く残した一流の画家でもありました。渡辺崋山や高野長英、椿椿山《つばきちんざん》などといった当時の一流文化人と深い親交があり、そうした人脈を通じて、才次郎を一流学者の内田五観の塾に紹介できたわけです。また、才次郎以外にも、津和野藩の画家山本琴谷《きんこく》にも中央で修行できるチャンスを与えたりしています。

五観の塾に入った才次郎は、郷里の師である木村俊左衛門に和算のほとんどあらゆる分野を教授されていたので、入塾の年には早くも、関流免許状のうち、見題、隠題、伏題を授けられました。このことからも、養老館の数学教育のレベルの高さがうかがわれます。才次郎はこの五観のもとでさらに学問に励み、安政四（一八五七）年に帰藩すると、養老館で関流数学を教授することになりました。

才次郎の著書や蔵書の多くは、現在「桑本文庫」として津和野郷土館に保存されていますが、特に、彼の代表的著書である『尖圓豁通《せんえんかっつう》』は、ある特殊な立体図形を平面で切ったときに現れる図形の求積法や、楕円のような図形（この著書では「尖圓」と呼ぶ）の回転体の体積を求める問題を解いたもので、これは現在の数学でいう定積分にあたるようです。

なお、筆者は、平成二十五（二〇一三）年七月二十一日、和算研究家の四日市大学関孝和数学研究所研究員の藤井康生による才次郎に関する講義を聴く機会があり、このとき和算専門家による才次郎数学の講義を初めて聴きました。その際、藤井は、「才次郎の業績は国内有数のものと認められているが、一方で『尖圓豁通』は専門家にとっても超難解であり、理解できない部分も多い。それだけに、今後さらなる研究の必要がある」との見解を示していました。また、地元津和野では、才次郎の数学業績に関する逸話として、「『尖圓豁通』の付録に記載されている問題のいくつかは、当時世界の数学界の最高峰だったパリ大学で懸賞当選したものと同じであり、しかも才次郎の著書の方が六、七年早かったとされている」というものが伝わっていることを藤井に伝え、『尖圓豁通』の中のどの問題がパリ大学のものなのか、また、そういった事実を裏付ける文献は何か、などを質問しました。すると藤井は、「それについては、私は聞いたことがない。調査してみる必要がある」と答えてくれました。才次郎の数学について、現在最も詳しい和算研究者と思われる藤井が「聞いたことがない」といったことに、筆者はこのとき少々ショックを受けました。このパリ大学のエピソードは、岩谷建三『津和野ものがたり2　津和野の誇る人々』（昭和四十四年、津和野歴史シリーズ刊行会）に記述がありますが、岩谷はその典拠を示していません。これについては、今後再調査する必要があると思います。

和算家から幕末の志士に転身

このように才次郎は新進の数学者としての将来を嘱望されて、養老館で教鞭をとりつつ、研究に没頭していましたが、その頃の日本は、アメリカの黒船の来航によって長い太平の眠りから揺り起こされ、全国で、尊王、佐幕、攘夷、倒幕など、国政の行方を左右する議論が沸騰している時勢でした。ときの藩主亀井茲監は、討幕派の雄である長州藩と、徳川親藩の浜田藩に挟まれた小藩・津和野が進むべき道を誤らず、また城下を戦禍から守るためには、情報収集がなによりも重要であると考えていたことは、本書で何度も触れました。そこで、藩主は才次郎を抜擢して、天下の情勢を探る大任を命じました。才次郎は、学問の世界とは大きく異なるこの職務にも非凡な才能を発揮し、さらに藩主の信任を得、下級武家の出身でありながら異例の昇進を果たしていきました。ただ、こうした状況は、桑本と若い上級藩士の間に感情的なもつれを生じさせた可能性もうかがわせます。

文久三（一八六三）年十月三日、京都で活動中だった才次郎は、同士のはずの津和野藩士十名に斬殺され、劇的な最期を遂げました。わずか三十三歳で、才次郎の短い生涯は、突然幕を閉じました。激論の末での刃傷だったともいわれますが、実際のところはよく分かりません。残された史料をたどって、可能な限り真実に迫ってみたいと思います。

斬殺への経緯

桑本才次郎の殺害事件をめぐる背景や状況、その後の経緯などについて記した文献としては、井上瑞枝編著『維新前後津和野藩士奉公事蹟』（以下『奉公事蹟』という）がありま す。これは、明治三十三（一九〇〇）年に木版印刷によって発行されたもので、上・中・下の三巻からなっています。題名どおり、維新前後に学問の分野や志士として活躍した津和野藩士の事績を記録したものです。上巻は、全部が大国隆正ひとりの事績紹介にあてられ、中巻では多胡眞教などやや上級階層の藩士九人の事績を紹介し、下巻ではそれ以外の藩士十一人について詳しく紹介しています。

その下巻に才次郎の事績も載っていますが、なんと同じ巻に、才次郎を殺害した十人の藩士全員の氏名が記載してあります。そればかりではなく、才次郎殺害の首謀者と思われる山田永弼《ながすけ》も、功績を挙げた人物のひとりとして同巻に、独立した項で紹介されています。

その山田の項に、才次郎を殺害した動機などが次のとおり記載されています（原文は文語体。以下は原文引用ではなく筆者が意訳したもの）。

十月三日、同僚十人で謀り桑本才次郎を京都の室町で刺殺した。その後すぐに大目付に自首し、凶行に及んだ趣意書も提出した。その内容は次のとおりである。才次郎が常日頃とっている行動から彼の本心を推測すると、表立っては正論を唱えていても、陰では上司に取り入り、藩主の寵愛を笠に着て放漫な態度が著しく、私情によって物事を判断し、人を蔑視することが甚だしい。このままにしておけば、将来どのような害悪が生じるかわからないので、私たちは藩のためを慮って、その芽を刈り除いたのである。

才次郎の所業が本当に同僚に斬殺されるほど良くなかったのか、または逆に、山田ら殺害者側が自らを正当化するためにこの書状を提出したか、など、さまざまな憶測や疑問を抱かせる記述ですので、慎重にとらえるべきだと思います。

事件後の経過

『奉公事蹟』には事件後の経緯も記されています。それによれば、山田らは処罰を受けています。山田らが主張するように「藩のために将来の害悪を排除する」という動機に正当性があったとしても、殺人はやはり違法行為であり、処罰の対象となるのは当然でした。しかし、その処罰は、わずか二十日間の謹慎というものでした。謹慎は京都で行うよう命じられましたが、謹慎期間が終了すると山田らはすぐに（同年十一月四日）津和野に戻り、才次郎を寵愛したはずの藩主に面会し（十一月六日）、その四日後には、藩主から京都での労を賞するとして、報奨金までもらっているのです。これは、どうみても「殺人犯」に対する扱いとは思えません。むしろ、謹慎という形ばかりの処罰を、建前上科しただけとみたほうが合理的ではないでしょうか。特に、才次郎の才能を寵愛し、身分にかかわらずに重要ポストに大抜擢した藩主の本意は、このときどこにあったのでしょうか。非常に気になるところです。

『奉公事蹟』とは

この『奉公事蹟』という書物は、前述したとおり、維新後三十年以上も経過した時期に編纂・発行されたもので、刊行の背景や事情については、いささか不明な点もありますが、発行当時子爵だった福羽美静が序文を寄せており、その文中にある次のようなくだりが目を引きます。

この冊（『奉公事蹟』のこと／筆者注）のなれるを以て亀井の当主茲常伯爵より史談会にいだし、それより宮内省に出したり。宮内省は必天覧に入るゝことなるべし。また後世史を成す人の一材料ともなりなんか。

（意訳）この『奉公事蹟』は、刊行されると亀井茲常伯爵から史談会を通じて宮内省に提出され、必ず天皇も目を通されるはずである。また後世の歴史学者にとってもひとつの資料となるだろう。

福羽美静は、この書物が天皇の目にも触れるはずだとまで言っています。また、同書に記載されている他の人物の事績に関する記述内容の信頼性も高いことを考え併せると、同書には、一定の信憑性が保持されているとみてもよいのではないかと思います。したがって、この桑本才次郎殺害事件の記述にも、何らかの事実の反映があったと考えるほうが合理的だと思われます。

なお、この『奉公事蹟』の編著者である井上瑞枝については、澄川正弥編『津和野教育沿革略及び人物略傳』（昭和三年、津和野町役場）という本に紹介があり、次のようなことが分かります。井上瑞枝は、津和野藩士で、大国隆正について国学を学び、和歌を得意としました。維新後に太政官に出仕したのち実業界に転身しました。しかし、どういった業種に身を投じたのか、なぜ官僚を辞めて転身したのか、などについての記述はありません。明治三十八（一九〇五）年没。井上瑞枝に関する詳細については、津和野町内で活動している任意団体「津和野の自然と歴史を守る会」が発行している会報「つわぶき第六十号」に、岡田忠良執筆の論文があります。

数学史研究家の感想

小倉金之助（一八八五〜一九六二）という大正から昭和にかけて活躍した著名な数学史研究家が、日本科学史学会昭和二十九年度総会の席上で行った「最近の科学史研究についての感想」と題した講演で、桑本才次郎の死について感想を述べています。小倉博士は本書で紹介した事情をすべて把握しており、この講演でもそれらを大まかに紹介したうえで次のように続けています。

とにかく幕末日本の変革期における科学者の伝としまして、これ（桑本殺害事件のこと／筆者注）はきわめて特徴のあるものであります。私は、この記事は非常に珍しい、日本の科学者の中では非常に珍しい伝記である。そういう記事であると思います。

このように、小倉博士は、「非常に珍しい」を短い間に繰り返すほど、桑本という天才的数学家と、幕末志士としての壮絶な最期というギャップに驚いています。また、小倉博士は同講演で、桑本が著した『尖圓豁通《せんえんかつつう》』という書物について、

和算史の上で有名なあの『尖圓豁通』という本は、彼が数え年二十六歳の時分の著でありります。（中略）今日ならば、二重積分というようなものを使ってやるべき、問題の研究であります。

と紹介しています。そこには直接的表現はないものの、文脈からすると、若き天才数学家の若すぎる死を惜しむ小倉博士の気持ちがにじみ出ています（小倉博士に関する引用元は『科学史研究三十号』の「最近の科学史研究についての感想（小倉）」より）。

『奉公事蹟』以外の文献

これまでに先人によって書かれた才次郎の伝記では、非凡な数学の才能をもつ才次郎の若過ぎる死を惜しむ感が強く、したがって、その論調は、下級出身ながら異例の出世を果たした才次郎を、上級藩士たちがねたんで殺害したとみる傾向が強いように思われます。また、殺害者側の言い分や、殺害者達に対する軽すぎる罰という事実にも一応触れながらも、それらもやはり、才次郎の非による可能性よりも、身分が低い才次郎が損をした、と

いった才次郎擁護のニュアンスが強いようです。そうした著述の一例としては、昭和三十五（一九六〇）年に島根社会文化研究所から刊行された『石見人物抄』（山崎克彦編）という書物に岩谷建三（津和野町の郷土史家）が執筆した「和算の大家桑本才次郎」という文章があるので紹介します。関係部分のみの引用です。

こうした才次郎の栄達は同藩の上席の若侍達のねたむ所となり（中略）／結局身分の低い才次郎が損を見たのだという感が強い。／（中略）その真相は知ることが出来ないけれども、これ程の傑出した人物を僅か三十四歳で（数え年で表記／筆者注）しかも、ねたみから同藩の人達によつて殺してしまつた事は返すく〵も残念な事である。

また、藩主亀井玆監の事績をまとめた『於杼呂我中《おどろがなか》』という書物が、旧津和野藩士の国学者加部厳夫の編集によって、明治三十八（一九〇五）年に発行され、ここにも、才次郎殺害事件が「桑本才次郎遭難及尋問書」という項目を立てて記述されていますが、説明は、わずか四行ほどです。次はその末尾部分です。

才次郎遭難ノ如キモ、今猶、其真相ヲ覘《ウカガ》フニ由《ヨシ》ナシ。

（意訳）才次郎遭難の件なども、いまなお、その真相を調べようとしてもその方法がない。

文中の「今猶」という言葉から、この『於杼呂我中』が維新から四十年近くも経ってから発行されたという時間の経過を感じますが、一番強く感じるのはやはり、あれほど才次郎を寵愛し、異例の大抜擢をした藩主の伝記にしては、異常なほど記述が軽いことです。激動の時代だった維新前後であっても、藩主にとって自らの家臣同士が殺し合うという事件は、非常にショッキングな出来事だったと想像できますが、この短い記述は、非常によそよしく、あえて軽く扱っているように感じられてなりません。

そして、さらに注目すべきはこのあとに続く次の記述です。

姑《シバラ》ク当時ノ記録ヲ掲ゲテ、参考ニ資ス。

この記述のあとに、「当時ノ記録」、すなわち、山田永弼ら殺害者が桑本殺害後に大目付に提出した趣意書や項目名にもある尋問書を載せています。しかし、この趣意書も尋問書も、その内容は、ほぼ殺害者側の意見の主張が中心なので、それを載せているということは、藩主茲監が殺害者達の主張を認めているような印象が残ります。また、才次郎側からすれば、これは「死人に口無し」的な理不尽な扱いとも映るのではないでしょうか。これを載せた編集者の意図はいったい何だったのか。興味はつきません。

なお、項目名にある「遭難」という言葉使いには、両者に対する一定の配慮もみてとれ、「喧嘩両成敗」の感も若干は漂います。

こうして、津和野藩としても大事件だった桑本才次郎殺害事件について、『奉公事蹟』や

『於杼呂我中』などによって考察してきましたが、現在のところは、やはり才次郎のほうにも斬殺されるべき理由が存在した可能性は高いように感じられます。

津和野藩が生んだ「和算三大家」

津和野藩は、藩政時代から明治期にかけて、外様小藩としては驚くほど多くの先哲、碩学が輩出しており、その活躍した分野も政治、文学、実業、学術と非常に幅広いことで知られています。そんな中で、いわゆる「津和野藩の数学三大家」といわれる日本レベルの数学者の系譜を育んできました。

その三大家のうち、三人目に位置する桑本才次郎についてはすでに詳述しましたが、ここでは、少し時代を遡って、三大家の始祖にあたる堀田仁助と、二人目の木村俊左衛門について触れておきたいと思います。この三人は、仁助は俊左衛門に、俊左衛門は才次郎にと、養老館という教育の場で、自らが修めた関流和算の極意を伝授し、津和野に優れた数学の系譜を紡ぎました。

津和野藩の和算三大家の祖　堀田仁助

堀田仁助《にすけ》（一七四七〜一八二九）は、和算や天文学に優れ、抜擢されて生涯のほとんどを幕府天文方に仕え、貴重な仕事を残しました。また、晩年は津和野で養老館教授として後進の指導にあたり、数学（関流和算）の優れた系統を津和野の地に育む基礎を築いたことはすでに述べたとおりです。養老館教育の特色は、大国隆正、福羽美静らによる国学や蘭医学などにみられますが、堀田仁助らによる数学もまた、非常にレベルの高いもので、その特色の一翼を担っているといってよいでしょう。

堀田仁助は、延享四（一七四七）年正月五日、津和野藩士堀田嘉助の子として、広島の廿日市にあった津和野藩蔵屋敷の近くで生まれました。幼名は兵之助、長じて仁助と改め、泉尹《いずただ》と号しました。仁助が生まれた廿日市の津和野藩蔵屋敷は、藩の特産品である石州半紙の積み出し基地のひとつです。津和野藩は、十六世紀半ばの寛文年間に和紙の専売制度を確立しており、藩の財政を支える大きな財源となっていました。その経済効果について、当時の高名な経済学者である太宰春台が、その著書『経済録拾遺』の中で、「津和野藩は、わずか四万三千石の小藩ながら、その経済的実収は十五万石にも相当する（意訳筆者）」と述べ、高い評価を与えています。当時は和紙市場のほとんどが大坂（表記は当時のもの）

だったため、瀬戸内海航路を利用するのが効率的だったことから、広島藩から土地を借り受けて廿日市に蔵屋敷を設け、二隻の船も常備していました。津和野と廿日市を結ぶ往来は、廿日市地方では当時から「津和野街道」と呼ばれて親しまれていました。仁助の父嘉助は、この蔵屋敷で和紙の受け払いや積み出しに関する事務を執る藩役人として働き、しばしば乗船もしていたようです。

仁助は、幼少期から聡明で、特に数理的な才能に優れていたと伝えられます。宝暦九（一七五九）年、わずか十二歳で御船手役所筆者見習として蔵屋敷に採用されたことが、その聡明さをうかがわせます。その三年後には、津和野に移って御勘定所見習に抜擢されています。藩の出張所である廿日市蔵屋敷勤めから藩本庁の勘定方になることが約束されたエリートコースに、十五歳の若さで抜擢されたわけです。またこの頃から、彼の才能は、藩内はもちろん幕府にもおよぶところとなり、津和野藩の重臣で、優れた学者でもあった湯永経や、幕府天文方の重鎮渋川図書などについて和算と天文学を学び始めています。

天明三（一七八三）年、三十六歳のときに、ついに幕府天文方属員に抜擢されました。これを現代的に表現すれば、地方公務員それも小さな町役場の職員が、東京天文台か東京大学理学部の助手に抜擢された場合に相当する、といってもそう間違いではないと思います。以後、当時天文方をつかさどっていた渋川家を補佐して、主に暦の作成とそのための天文観測にあたることになりました。

仁助は、このときから四十年以上の長期間にわたって幕府に仕えますが、その中で最も注目すべき仕事は、当時「蝦夷地《えぞち》」と呼ばれていた北海道に至る直接航路図を、日本で最初に作成したことでしょう。幕府はこの頃、東蝦夷地を直轄地として支配下においていたので、江戸から蝦夷地に出向くための直通航路を早急に開く必要に迫られていました。そこで、その測量作業を仁助に命じました。なお、この頃幕府が蝦夷地の直轄地化を急いだもうひとつの背景として、次のような事情があったとされています。日本は江戸時代初期から相当多額の輸出を行っており、輸出品は、はじめは金や銀、のちに銅が中心となりましたが、この頃には海産物も重要な輸出品目となっていました。蝦夷地の東海岸は豊富な海産物に恵まれていたので、貴重な輸出品を確保するために、蝦夷地の直轄支配を急ぐ必要があったのです。

寛政十一（一七九九）年三月二十四日、仁助は門弟らとともに品川港を出帆しました。現在と違って、この頃は品川には海岸線が迫っており、品川港が開設されていました。自らが発明・工夫した諸器具を駆使して測量作業を続けながら、同年六月二十日に蝦夷地の厚岸湾《あっけしわん》に到着しました。片道だけでも三か月を要したことになります。復路は、陸路で海岸線を測量しながら江戸を目指し、帰還したのは同年十一月十五日、全行程で九か月近くの大調査事業でした。これによって作成されたのが、『従江都至東海蝦夷地針路之図并北極出地度』（「えどより、とうかいえぞちにいたる、しんろのず、ならびに、はっきょく、しゅっちど」と読む）と名付けられた航路図です。なお、この大調査を行ったときの仁助は五十二歳でしたが、当時の人の年齢感覚ではすでに「老人」といってよく、この過酷な航海が相当身にこたえたであろうことは容易に想像できます。

なお、この翌年の寛政十二（一八〇〇）年四月から、有名な伊能忠敬（一七四五〜一八一八）が日本全国沿岸の測量に着手し、蝦夷地も測量していますが、仁助の調査成果は、伊能忠敬《ただたか》の測量に先駆けたものであり、このことも踏まえて、仁助のこの蝦夷地航海測量を再評価すべきだと思います。

こうして幕府天文方で、その才能を遺憾なく発揮した仁助は、文政十（一八二七）年、八十歳のとき、高齢を理由に幕府を辞す決意をし、惜しまれながら天文方を去って津和野に帰藩しました。以後は、もっぱら、養老館で数学を教授し、木村俊左衛門ら後進の育成に尽力しています。仁助が没したのは、文政十二（一八二九）年九月五日（八十二歳）ですから、養老館で教鞭を執ったのはわずか二年足らずということになりますが、そんな短期間にもかかわらず、前述したような和算の素晴らしい系譜の礎を津和野に築いたことに驚かされます。

その他の仁助のもうひとつの業績として挙げておくべきものは、幕府に仕えていた文化五（一八〇八）年に製作したとされる「天球儀」「地球儀」でしょう。現在、津和野町の太鼓谷稲成《いなり》神社が所蔵しており、昭和四十一（一九六六）年、島根県から文化財に指定されています。この天球儀と地球儀の存在は、研究者間ではよく知られており、現在までに次のようなことが明らかにされています。天球儀には、黄道（太陽の通り道）、赤道、天の南極と北極、二十八宿、太陽、月、五惑星などが記載されています。なお、二十八宿とは、古く中国の天文学で用いられた考え方で、天球を「星宿」というエリアに分割したもので、星座に近いものですが、西洋占星術の星座とは異なります。日本でも作暦や天文学に利用されました。現在、仁助の天球儀を含めて、日本全国で、二十九体の天球儀があることが分かっていますが、製作履歴や出自が不明なものが多く、仁助の天球儀のように製作年や製作者が明らかなものは珍しいようです。また、仁助の天球儀は、保存状態もほかのものに比べて格段に良好だといわれています（この「天球儀」「地球儀」に関する情報の多くは、桑本才次郎のところで紹介した、四日市大学関孝和数学研究所研究員の藤井康生の教示による）。

堀田仁助と桑本才次郎をつないだ木村俊左衛門

津和野藩数学三大家の二人目、木村俊左衛門（一七九七〜一八五八）は、寛政九（一七九七）年七月二十六日、津和野に生まれ、十七歳の若さで養老館の数学稽古手伝を命ぜられました。なお、俊左衛門に関しては非常に資料が少ないため、詳細な点については不明なことが多いのですが、天才と呼ばれた俊左衛門の弟子の桑本才次郎でさえ十九歳での抜擢ですから、十七歳で抜擢された俊左衛門の並々ならぬ才能をうかがうことができるでしょう。俊左衛門が、幕府天文方を辞して帰藩した堀田仁助から、わずか二年弱ながら、当代一流の関流和算を伝授されたのは、三十歳頃でした。その後、関流数学教授となると、桑本才次郎や藩主茲監に仁助仕込みの和算学を伝授しています。弟子の桑本才次郎が名著『尖圓豁通』を世に出した際には、師として校正を手掛けています。俊左衛門には二人の子供があり、どちらも数学が得意だったといわれています。

津和野数学の先駆者堀田仁助が亡くなったのが一八二九年で、夭折の天才桑本才次郎が生まれたのが一八三〇年ですから、この二人が直接接点をもつことはなかったわけですから、この二人の才能をつないだ俊左衛門の存在の重要性は計り知れません。俊左衛門は、安政五（一八五八）年三月六日に没しています。

幕府と明治政府の双方で独自の活躍をした

西周

これまで津和野藩の維新前後史をみてきましたが、多くの津和野藩士が、それぞれの立場で、いろいろな役割をこなし、彼らの才能や能力に応じた動き方をしてきたことがわかります。そんな中で、津和野藩の御典医の家に生まれた西周《にしあまね》は、ほかの藩士とはまったく異なる動きによって、周独特の「維新前後」を駆け抜けました。そこで、周については、ここで項を別に立てて、彼の維新前後史をたどりたいと思います。

勉学に励む幼少期

西周（一八二九〜一八九七）は、維新後は、日本の近代哲学を代表する啓蒙思想家で、福沢諭吉らとともに日本初の近代的学術団体「明六社」を設立し、機関誌「明六雑誌」を発行して啓蒙活動を展開して、日本の近代化に大きな影響を与えたほか、明治新政府からも重用されました。また、維新前には最後の江戸幕府将軍、徳川慶喜からもブレーンとして重きを置かれるなど、津和野藩から脱藩するという独自の動きによって、幕府と明治政府の双方で大活躍した、類稀な大学者です。

西周は、文政十二（一八二九）年二月三日、津和野藩内森村堀内で、藩の典医を務めていた西時義の長男として生まれました。この周の生家のあった場所は、現在の津和野小学校敷地内です。生家は今はありませんが、小学校校庭内に生誕地を示す頌徳碑が建てられています。また、現在国指定史跡（昭和六十二年指定）として保存されている「西周旧居」は、周が四歳頃から約二十年間過ごした屋敷です。周の幼名は経太郎《みち》、時懋《ときしげ》とも呼ばれました。成人して修亮《しゅうすけ》と名乗りましたが、のちに幕府が周助と書いたのを機にこれに従い、さらに維新後に周《あまね》と改めています。号には、甘寝、甘寝斎などがあります。また、周の父は、森鷗外の森家から養子に入った人で、したがって鷗外と周は親戚（周の父時義は、森家九代の森周菴の子覚馬として生まれ、西家に養子に入って時義を名乗った）となります。周からみて鷗外は、義理のいとこの子にあたり、年齢は周が三十三歳の年長です。

六歳頃から祖父について四書を学び始め、十二歳で藩校養老館に入学しました。この頃の周の勉強ぶりはすさまじく、多くの伝説的逸話が残っています。例えば、周が家の使いで油を買いに行かされた際、歩きながら読書に熱中するあまり、片足に草履、片足に下駄を履いていても気づかなかった姿を近所の人が見て、「西先生のところの坊ちゃんは、ちょっと気の毒なことになっとるのお」と噂したという話（いわゆる「周の油買い」）や、周は、母屋の脇にある土蔵の中に三畳間をしつらえてそこで勉強していたが、勉強に夢中になると食事をする時間も惜しんで母親にむすびを土蔵に運んでもらって勉強を続けたという話などが語り継がれています。周がむすびをほおばりながら一心不乱に本を読んだ土蔵の一室は、現在も旧居の敷地内に残されています。

「一代還俗《げんぞく》」を命ぜられる

周が最初にその才能を認められたのは、嘉永元（一八四八）年、十九歳のときです。藩医の長男である周は、当然家業を継いで医者になることになっていました。しかし、藩主茲監《これみ》は、周の才能が藩医の仕事に埋没することを惜しみ、一代に限って家業を継ぐことを免除する、いわゆる「一代還俗」を命じました。周は、藩主の意向にしたがって、朱子学者となるべく学業に励み、その後、養老館で教鞭をとることになりました。しかし、周はこの頃、荻生徂徠《おぎゅうそらい》（一六六六～一七二八）の実理実学を説く学風に強く共鳴しつつありました。徂徠は、江戸の儒学者で、幕府が官学として推進していた朱子学を「憶測にもとづく虚妄の学説だ」と批判して、「古文辞学」による中国古典籍の解読法を提唱、多くの門人による「徂徠派」という一学派を形成していました。なお、津和野藩の財政状況について、十五万石にも匹敵すると説いた太宰春台についてはすでに述べましたが、春台は徂徠の高弟です。周にとっては、従来の朱子学が空理空論に等しく感じられていたため、藩主から命ぜられた朱子学を修学することに疑問をもち、悩みました。それでも、ここでは、自らの本意を抑えて君命に従う決心をし、大坂の松陰塾をはじめ多くの藩外の学問施設へ遊学し、朱子学の研究を継続しています。

黒船を見て脱藩

嘉永六（一八五三）年六月三日、アメリカのペリー率いる黒船が浦賀に来航し、幕府に開国を迫る大事件が起きました。この天地をひっくり返すような事態にあたって、藩主茲監は、津和野からも情報収集のために複数の藩士を江戸に派遣しましたが、その中に二十四歳の周もいました。

江戸に出た周は、藩邸に勤めながら、藩医野村春岱《しゅんたい》にオランダ語を、藩士の数学者桑本才次郎に和算をそれぞれ学んでいます。このときのオランダ語の学習が、周にとって最初の外国語学習です。

　黒船を眼前にした周は、軍艦や大砲の技術力に象徴される進んだ西洋の文明、学問、技術を学ぶ重要性を痛感し、自らの意志に反してまで藩命に従って古臭い朱子学を学ぶ必要はないとの判断に至りました。そしてついに、翌安政元（一八五四）年、決死の覚悟で脱藩を決行し、ここからひとりの自由な洋学徒としての第一歩を踏み出していきました。周はまず、大坂時代の学友中島玄覚宅に身を寄せながら、オランダ語を津和野の池田多仲《たちゅう》（一八二〇～一八七二）らに、英会話を中浜万次郎（一八二七～一八九八）に学ぶなど、あの少年時代を彷彿とさせる勢いで、洋学の基礎知識を吸収していきました。

　このとき周を教えた池田多仲は、津和野藩医の家に生まれ、のちに幕府侍医となった蘭方医です。幕末に創設された種痘所で、東京大学医学部の前身のひとつ「お玉が池種痘所」の設立メンバーでもあります。考えてみれば、当時重罪とされていた脱藩を決行した周に、津和野藩士の多仲（このときは幕府出仕前でまだ津和野藩士だった）がオランダ語を教えていたことに驚かされます。なお、前述したように、多仲の養子池田謙斎は、初代東京帝国大学医学部綜理（医学部長にあたる）、明治天皇侍医、日本初の医学博士として、日本近代医学の礎を築いた人物です。また、周に英語を教えた中浜万次郎は、あの有名なジョン万次郎です。土佐の漁師だった万次郎は、天保十二（一八四一）年、十四歳のとき初めての漁に出て嵐で遭難・漂流し、アメリカの捕鯨船に救助されました。そのままアメリカで生活し、嘉永四（一八五一）年に帰国しています。アメリカでは、万次郎を救助した船長が、万次郎の優れた才能を見出して養子に迎え、高等教育を受けさせたところ、その期待通り、オックスフォード学校などで英語、数学、測量、航海術、造船などを熱心に学び、首席をとるほど優秀だったといわれています。帰国後は、アメリカ仕込みの英語力と先進的知識によって、日本の近代化期において、通訳や教育者として大活躍しました。ちなみに、万次郎の長男、中浜東一郎（一八五七〜一九三七）は、東京大学医学部で森鷗外と同期生でした。そのときの卒業生二十八人中の成績順位をみると、東一郎は、第八位だった鷗外より上位の第三位でした。東一郎は、父万次郎の優秀な頭脳を引き継いでいたようです。

オランダ留学を実現

幕府は安政三（一八五六）年、洋学や外国語を研究する機関「蕃書調所《ばんしょしらべしょ》」を開設し、外国語に精通する周も助手として迎えられました。また、同六（一八五九）年には、同所の助教授に昇進する一方、糸魚川藩（現新潟県／一万石）の典医の娘石川升子と結婚しました。

　周はこのころから津田真道《まみち》（一八二九～一九〇三）らと留学実現に向けて奔走し、ついに文久二（一八六二）年六月、幕府に認められて、念願のオランダ留学へ出発することになりました。周三十三歳の夏のことです。なお、この留学出発と同じ年の一月十九日、周の郷里津和野で鷗外森林太郎が産声をあげています。

　オランダでは、ライデン大学のフィッセリング教授のもとで国際法、経済学、統計学などを学びました。また、同教授が哲学的にはコント、ミルの立場にあったことから、周もコントの実証哲学、ミルの経験論哲学の研究に没頭しました。このフィッセリング教授は、経済学のほかにも法学、文学の学位も併せもった博識の大学者で、周は留学先で師に恵まれていたといえるでしょう。

　なお、周とともに留学した津田真道は、津山藩（現岡山県／十万石）出身の明治初期の法学者です。周と同様、脱藩し、苦学して学問に励み、蕃書調所勤務を経て周とともにオランダ留学を果たしました。帰国後は新政府の官僚を務めたり、「明六社」の結成に参画するなど、その経歴に西周と重なる部分が多い人物でもあります。また、真道の出身地岡山県津山市と津和野町は、二人の交遊を縁に、平成九（一九九七）年二月に共同して「津田真道・西周顕彰委員会」を設立しています。この委員会の設置は、それまでに準備が進んでいたライデン市への記念プレート設置事業をいよいよ具体的に進める推進力となり、ついに、同年十月十六日午後四時、オランダ・ライデン市にある、二人の共通の恩師フィッセリング教授旧邸において記念プレート除幕式が行われました。このときの主な参列者は、ライデン市長C・H・フーコープ、日本特命全権大使池田維《ただし》、日蘭修好四百周年事業委員会理事長C・ヤンセン、日本名誉領事R・オッネス、津山市長中尾嘉伸、津和野町長中島巖、津山市議会議長藤田勉、津和野町議会議長児玉太郎らでした（職名は当時）。記念プレートには次のとおり刻字されています（日本語部分も横書き）。

The House of Professor S.Vissering where
Tsuda Mamichi（津田真道）and Nishi Amane（西周）
Studied Westernlaw systems from 1863 to 1865.
日本国　津山市・津和野町, 1997
Tsuyama and Tsuwano, Japan

徳川慶喜のブレーンとして日本初の憲法草案を起草

慶応元（一八六五）年十二月、約三年間のオランダ留学から帰国した周は、翌慶応二年三月には幕府直参に列せられると同時に、開成所（東京大学の前身）教授に迎えられました。同年九月には、津田真道とともに将軍徳川慶喜に迎えられて京都に移り、その後は、慶喜のブレーンとして、常に将軍の側に控えるようになり、慶喜にフランス語を教えたりしています。

一方で、オランダ帰りの新進気鋭の学者としての本格的な初仕事は、恩師フィッセリング教授の講義録を和訳した『万国公法』の発表でした（慶応二年十二月幕府に献上）。これは、我が国に初めて国際法の概念を紹介したもので、この中には現在の国際法の基本的概念である「国家の平等権」「内政の自主権」などの考え方が示されています。また、このころ、青年志士約五〇〇人の求めに応じて、京都四条の更雀寺《こうじゃくじ》に私塾を開き、西洋法学や哲学の講義を行っています。後年出版された周の代表的書物『百一新論』はこの塾での講義がもとになっています。

時局は緊迫を増し、ついに討幕の気運が最高潮に達したため、慶喜は、「大政奉還」で時局を乗り切ろうとします。大政奉還とは、二六〇年間にわたって幕府が保持してきた政権を朝廷に返上する旨の上奏を行うことです。慶喜は、この時期に至ってこれ以上幕府体制を維持することは困難だと判断し、将軍自らが政権を返上することによって、天皇政権下で形成される新しい体制の中で、引き続き自らが主導的立場を確保するために大政奉還を意図し、慶応三（一八六七）年十月十四日に実行しました。

その大政奉還の日の夕刻、慶喜は、周を呼んで今後の日本の政治制度の指針、イギリス議会のあり方、三権分立とはどんなものか、などについて諮問したといいます（この諮問の時期には十月十三日説もある）。このことから、慶喜は大政奉還後も自らが元首としてとどまる国家体制を模索していたと思われます。周はこの諮問に対する答申として同年十一月に『議題草案』を起草して、慶喜に上覧されたと思われます。この『議題草案』は、我が国最初の憲法草案であるとの評価もあります。その内容は、天皇の権（国家の最終裁可決定権）、政府の権（旧幕府の人材と組織を中心とした行政府）、諸大名の権（旧大名による上下院による立法府）の三権を分立させたうえで、実質的な三権の最高責任者は大君（旧将軍）にある、とするもので、公武合体を踏まえつつ、イギリス議院制度にならった近代的政治制度の構築を目指したものでした。しかし、周のこの考えが実現することはなく、同年十二月には王政復古の大号令によって幕府は倒れ、薩長による新政権が樹立されました。

なお王政復古の大号令は、慶応三（一八六七）年十二月九日、岩倉具視《ともみ》らによって発せられ、これによって明治新体制の樹立が現実のものとなりました。その主な内容は、同年十月に徳川慶喜から出されていた将軍職辞職の勅許、京都守護職・京都所司代の廃止、幕府の廃止、摂政・関白の廃止、新たに総裁・議定・参与の三職をおく、などでした。なお、前述したとおり王政復古の大号令には、津和野藩の国学思想が色濃く反映していますが、一方で、徳川慶喜の側近として同じ津和野藩出身の西周が西欧政治制度に基づく国家観を提唱し、歴史の舞台裏で攻防があったということは、歴史の妙として興味深いことです。

こうして、国家元首になれずに、一藩主として沼津に退いた慶喜は、幕府所管の洋学研究機関を引き継ぐものとして明治元（一八六八）年、沼津兵学校を設立し、周がその頭取（校長）に招かれました。周はここで、近代的兵制を実現する学校づくりに手腕を発揮し、慶喜の期待に応えています。

脱藩を許した藩主の求めに応じて百日間の帰郷

こうした周の幕府内外での活躍は、旧藩主亀井茲監にも聞こえていました。明治二（一八六九）年、茲監はついに周の脱藩を許し、帰藩を命じました。周は、早速一〇〇日間の休暇をとり、安政元（一八五四）年の脱藩以来十五年ぶりに故郷の土を踏みました。四十歳のときです。

茲監は、帰郷した周に津和野の学制改革について諮問し、周は、沼津での実践を活かして意見を述べています。このときの周の考えをもとにして玆監は、藩費による国内留学支援制度などの充実を図っています。この制度の充実が奏功して、小藤文次郎や山辺丈夫など津和野出身の優秀な学徒が中央へ遊学し、日本の学術や実業の先進的役割を果たす人材を多く輩出し、ひいては文教の町津和野の基礎づくりのもととなりました。もちろん、養老館自体の改革についても、『文武学校基本並規則書』によって進言しています。

啓蒙思想家として官民を問わず大活躍

明治三（一八七〇）年、沼津に帰った周は、明治新政府勤務を命ぜられました。また、明治六（一八七三）年には、福沢諭吉、津田真道、森有礼らとともに啓蒙思想団体「明六社」を結成しています。この団体は、翌年創刊される機関誌「明六雑誌」を主な舞台として、あらゆる分野にわたる討論を繰り広げるなどの啓蒙活動を展開しました。実質的な活動期間は約二年という短いものでしたが、明治初期において文明開化の推進などに大きな役割を果たしました。明治十二（一八七九）年一月には陸軍省御用掛参謀本部に出仕、同年六月には東京学士院会長に選出されるなど、相次いで要職に就いています。さらに、翌十三（一八八〇）年には、軍人の精神的規範確立の基礎となった「軍人勅諭」の草稿を書き上げています。なお、明治十五（一八八二）年に実際に公布された軍人勅諭は、周の草稿から大幅に変更、加筆されたものだといわれています。

元老院議官に就任した明治十五（一八八二）年には、当時参議だった山県有朋から憲法草案の執筆を依頼され、周は早速私案を提出しています。このときの周の憲法草案は、実際に発布された明治憲法よりもはるかに自由主義的であったといわれており、当時周と同じ議官で当時の法学の第一人者だった井上毅から「他の草案よりも抜きんでている」と激賞されました。ほかに、このころ東京師範学校の校長も務めています。

最晩年も研究の日々

しかし、憲法草案を書いた五十代半ばころから右半身が麻痺し始め、明治十九（一八八六）年には健康上の理由から一切の公職を辞任しています。多忙をきわめた生活から解放された周は、静養のため家族を伴って箱根に遊んでいます。

明治二十二（一八八九）年に大日本帝国憲法が公布され、翌年帝国議会が設置されると、周は、貴族院議員として再び公職に就きましたが、体力の衰えが激しく、その職も翌明治二十四（一八九一）年に退き、大磯の別荘に移りました。このころには歩行も不自由となっていましたが、学問研究に対する情熱が衰えることはなく、西洋心理学と東洋思想を統一する新たな心理学体系の確立を目指して研究を続けました。

しかし、明治三十（一八九七）年、にわかに病状が悪化、養子の紳《しん》六郎が周の枕元で、周の業績に対して天皇から「勲一等瑞宝章男爵」の位が授けられたことを告げると、ほっとしたかのように息をひきとりました。明治三十（一八九七）年一月三十一日午後九時二十分、六十七歳の生涯でした。永眠の地は東京青山墓地です。

津和野藩の乙女峠
キリシタン迫害史

津和野の明治維新前後史を語るとき、避けて通れないのが、後年、「乙女峠」と名付けられた場所で行われた、長崎のキリスト教徒弾圧事件です。津和野藩維新前後史の最後に、この事件について、詳細にみていきたいと思います。

現在の「乙女峠まつり」

津和野町では、毎年ゴールデン・ウィーク真っ只中の五月三日、約三〇〇〇人ものカトリック信者が集まる「乙女峠まつり」が開かれ、全国から参集した信者がマリア像を先頭にして祈りを捧げながら厳かに行進します。殿町のカトリック教会を出発した祈りの行列は、町内を進んで乙女峠を目指しますが、行列の先頭が乙女峠に到着していても、最後尾はまだカトリック教会を出発していないほどの長さです。全員が乙女峠に参集すると、マリア堂を囲んで荘厳な野外ミサが挙行されます。

乙女峠は、ＪＲ津和野駅から線路をはさんで西に直線距離で約一〇〇ｍのところにある登り口から、細い山道を五分ほど徒歩で登ると、峠とは名ばかりの山の中腹の谷間に、小さなチャペルが建っているところです。このチャペルは「乙女峠記念堂」あるいは「マリア堂」などと呼ばれ、カトリック信者のみならず津和野町民にも広く愛されています。周辺は、自然豊かで閑静な佇まいの小公園になっており、春は桜の名所、初夏は新緑、盛夏は蟬しぐれ、冬の雪景色も美しく、四季折々の風情が楽しめるので、町民の憩いの場や観光スポットとして人気があります。

しかし、現在の穏やかな雰囲気とは異なり、この乙女峠は、かつては悲惨な歴史の舞台でした。明治新政府のキリスト教禁止政策によって、長崎の浦上からここに連行された一五三人のキリシタンが、津和野藩から過酷な迫害・拷問を受け、最終的に三十七人もの殉教者を出したのです。乙女峠という呼び名はのちのもので、当時すでに廃寺となっていた旧光琳寺の建物などを「異宗徒《いしゅうと》御預所《おあずかりしょ》」に利用した場所です。

永井隆博士の絶筆『乙女峠』

永井隆（一九〇八～一九五一）は、明治四十一（一九〇八）年、島根県松江市で医師の長男として生まれ、父の医院開業のため飯石郡飯石村（現雲南市三刀屋《みとや》町）に移り住み、幼少期を過ごしました。長じて長崎医科大学で放射線学を専攻し、医学博士となり、長崎医科大学教授などを務めました。二十代の頃、キリスト教に改宗しました。昭和二十（一九四五）年八月、長崎市で被爆し、翌年白血病を発症、以後苦しい闘病生活に入りました。永井博士は、自らが被爆を実体験した医学者の立場や、キリスト者としての立場から、被爆者の苦しみや平和の意味、人生と宗教などを見つめた多くの著書を残しました。主な著書に『長崎の鐘』（一九四六年）、『ロザリオの鎖』（一九四八年）、『この子を残して』（一九四八年）などがあります。

永井博士の絶筆は、津和野の乙女峠で行われた悲惨な宗教弾圧の様子と、そこで信教の自由を守り抜いた人々を温かい筆致で記録した『乙女峠』でした。死の床で執筆された『乙女峠』は、昭和二十六（一九五一）年四月二十三日に完成しますが（初版刊行は翌年九月二十日）、博士は、そのわずか一週間後の五月一日に永眠しました。まさに最後の力を振り絞っての執筆でした。なお、博士の死の直後の五月十三日には、津和野で乙女峠記念堂献堂式が挙行されています。永井博士の妻みどり夫人は、津和野に送られたキリシタンの中心人物のひとり、守山甚三郎の親戚にあたり、博士は甚三郎が書いた『守山甚三郎』や『死亡日記』を資料として『乙女峠』を執筆しました。

『乙女峠』の記述の中でも特に貴重なのは、前半部にある「奉教人の種」や「嵐」の項によって、津和野送りになる以前の長崎キリシタンの様子、いわゆる「乙女峠以前」の状況がよくわかることです。特に、津和野に送られた高木仙右衛門《せんうえもん》や守山甚三郎らが、全国各藩に流配された三〇〇〇人を超えるキリシタンのなかでもトップクラスの強い信仰心を持つ信者であることがわかります。例えば、長崎での迫害、いわゆる「浦上四番崩れ」の際の仙右衛門について、博士は次のように記しています。

（次々とほかの信者が「ころぶ（＝転宗する）」なかで／筆者注）ただひとり高木仙右衛門がどうしてもころびませんでした。この人は百姓ですが、無学で弱そうで、どこからそんな勇気がでるか、仲間さえ信じられないくらいでした。仙右衛門はただ単純に教えられただけ守り、毎金曜日にはキリストのご受難を思い、断食をし、祈りをしているだけでしたから、たぶん聖霊がすべてを教え、役人の前でりっぱな答えをし、拷問にひるまないだけの勇気を与えられたにちがいありません。

「乙女峠」という地名について

乙女峠の「乙女」が聖母マリアのことだとよく解釈されますが、実はそうではなく、地名の由来は次のとおりです。

十五世紀半ば頃、当時津和野地方を治めていた吉見氏七代当主成頼の妹、留姫《とめひめ》が、詳細は不明ですが、非業の最期を遂げたといわれています。成頼は妹を供養するために現在の光明寺付近（乙女峠登り口付近）に留姫（お留）の名に由来した「乙女権現」を祀りました。それから、いつしかこの裏山一帯が「乙女山」と呼ばれるようになったことを起源とするようです。のちの元禄期（十七世紀後半）に、畑迫の喜時雨《きじう》にあった光琳寺というお寺がここに移されましたが、明治初年のキリシタン迫害の舞台となった頃にはすでに廃寺になっていたことは前述しました。

つまり、乙女峠の「乙女」は、聖母マリアとは無関係ですが、「乙女峠記念堂」は「マリア聖堂」の別名でも親しまれており、偶然の一致とはいえ、「乙女」＝「聖母」のイメージも合致するので、誤解を生みやすくなっています。なお、この乙女峠という名称に関して、乙女峠記念堂を建立したパウロ・ネーベル神父は、昭和二十六（一九五一）年五月十三日の献堂式にあたって、次のように述べています。

聖母は、この殉教地にふさわしい名前をも用意された。（中略）昔からこの小さな谷は乙女峠と呼ばれていた。歴史をひもとくと一人の未信者の乙女を追慕して付けたものですが、ここへ最も聖なる乙女が出現してこれを特別の花園となさいました。

（冊子『乙女峠の道　記念聖堂とまつりの五十周年』）

ここにある「最も聖なる乙女が出現」というのは、「三尺牢」という冷酷な責め苦を受けた末に、明治二（一八六九）年に殉教した安太郎という青年が、毎夜聖マリアの姿を見て励まされたという逸話のことを示しています。ネーベル神父は「乙女山」の名称由来の史実を踏まえた上で、このことは単なる偶然ではなく、聖母の意思によるものであり、「乙女」の名をもつ場所ゆえに、聖母がそのお姿をお見せになったのだと語っているのです。さらに、永井博士も著書『乙女峠』の中で乙女峠の名称について、次のようにネーベル神父と同様の考えを示しています。

乙女峠というその土地の名は昔からあったものですが、この安太郎が見たのがサンタ・マリアの御現われであれば、真にふさわしい土地の名です。

なお、パウロ・ネーベル神父は、昭和三十年、日本に帰化し日本名を「岡崎祐次郎」としましたが、ネーベル神父の詳細に関しては後述します。

「津和野本学」とキリスト教

慶応四（一八六八）年閏四月の太政官達によって、津和野藩へは三十人の浦上キリシタンが割り当てられましたが、実際には、その五倍以上の一五三人（第一次二十八人と第二次一二五人の合計）を受け入れました。各藩の割り当て及び実際人数の主なもの（割り当て人数が一〇〇人以上の藩と津和野藩を掲載）は次のとおりです。なお、括弧内数字は割り当て人数、括弧外数字は実際の受け入れ人数を示します。

郡山（一〇〇）八六	津（一五〇）一五五	名古屋（二五〇）三七五
彦根（一三〇）〇	福井（一五〇）〇	和歌山（二五〇）二八一
金沢（二五〇）五一七	鳥取（一五〇）一六一	松江（一五〇）八八
津和野（三〇）一五三	岡山（一五〇）一一七	広島（一五〇）一八一

徳島（一三〇）一一　　高松（一三〇）五一　　高知（一三〇）一一六
山口（一五〇）二九七　福岡（一五〇）〇　　　久留米（一三〇）〇
熊本（一五〇）〇　　　鹿児島（二五〇）三七五
（沖本常吉著『乙女峠とキリシタン』より）

津和野以外は、ほとんどが現在県庁所在地になっているような大藩で、津和野のような小藩は見当たりません。また、割り当て人数を超えて受け入れた藩は他にも見えますが、割り当ての五倍以上も受け入れた藩は津和野以外にはなく、最高でも金沢の二倍強です。さらに、割り当て人数よりはるかに少ない藩や割り当てられていながら実際にはまったく受け入れていないところが五藩（彦根、福井、福岡、久留米、熊本）もあります。

津和野送りとなったキリシタンの中心的人物のひとりに高木仙右衛門がいたことは前述しました。彼は、極寒の氷の池での水責めにも耐え、信仰を貫いて長崎に生還を果たしたひとりですが、のちに『仙右衛門覚書』という手記（口述筆記である旨が原本に記されている）を残しています。原本は和紙に手書きされ、高木家に伝わっています。原本を検討した片岡弥吉は、成立時期は「明治十年から十三年の間につくられたもの」であろうと考察しています。そして、この『仙右衛門覚書』を仙右衛門の曾孫で英知大学助教授（出版当時）の高木慶子が詳細に研究・記録した著書『高木仙右衛門覚書の研究』が一九九三年に出版されています。本書の帯には「感動の『覚書』全文初公開！ 解釈付き」とあり、続いて「仙右衛門の覚書は、日本史学、思想史、宗教学、教会史、国文学上、資料の宝庫であり、これが初めて完璧に復刻され、卓抜な研究を添えて刊行されることに祝意を表」すとの、文学博士松田毅一の添え書きがあります。なお、以後、原本を『覚書』と、高木慶子の著書を『覚書の研究』と呼びます。高木慶子は、『覚書の研究』の中で、前述した各藩のキリシタンの受け入れ人数のことや、それに関連する津和野藩の思想に関して次のように述べています。

浦上キリシタンの配流については、慶応四年五月十四日の御前会議では名古屋以西十万石以上の諸藩に預ける方針であったのに、なぜ四万三千石の小藩石見の津和野に仙右衛門や甚三郎ら信仰における中心的人物を送ったのであろうか。その一つに考えられることは津和野藩は財力や文化面で実力があったことと、また藩主亀井茲監は平田派の神道家であり、大国隆正、福羽美静らとともに鋭意神道復興のため、神仏の分離、寺院の整理、神葬祭の制定などを藩地に施していたということである。亀井は同年四月のキリシタン対策についての御下問の時、思想には思想で説諭して改宗さすべきとの意見書を提出していた。福羽美静もまた、一書を差し出し、かなりの自信をもって思想によって善導すべきことを上申していた。

ここでも、永井博士の著述同様、仙右衛門や甚三郎が「信仰における中心人物」であったことが述べられています。また、小藩がその規模に不相応な多人数を受けた背景についても、思想面の津和野藩の「実力」が、美静らの自信とともに、政府においても相当高い評価を得ていたことに言及しています。

さらに、高木慶子も触れている仙右衛門ら信仰の精鋭たちが津和野送りになったことについて、それは偶然ではなく、美静ら津和野藩の学者たちの自信が強かったからゆえではないかとする、片岡弥吉の次のような仮説もあります。

「やれるなら、やって見よ」という、政府首脳の意地悪さからそうしたのであったろうか。

（片岡弥吉著『浦上四番崩れ』）

それは、十分可能性のあることでしょうし、もしそうだとすれば、ここに当時の新政府内における、各藩、各勢力間の微妙な権力闘争の一端を垣間見るようにも思います。

いずれにしても、当時、明治新政府がとった政治の基本姿勢は、「祭政一致」というものでした。そしてその根本には、津和野藩の国学者・大国隆正が唱えた「津和野本学」（津和野藩校養老館では国学を「津和野本学」と呼んだ）が思想的・学問的バックボーンにありました。つまり、大国の先達である津和野の神官・岡熊臣に始まり、大国隆正、津和野藩主・亀井茲監、大国の弟子の福羽美静と続く津和野勢が、この時期、政府中枢において祭政一致政策を支配していたのです。

その政策的流れは、「明治天皇御即位式制定」→「神仏分離政策」→「廃仏毀釈」→「神道国教化」という方向を示していましたが、実際には、その完全達成をみる前に徐々に政府中枢での支持を失い始めていきます。なぜなら、日本が国際社会における一日も早い近代化を目指す状況においては、神道国教化を軸とした祭政一致政策は、やはり受け入れられず、最終的には挫折し排除されていく道をたどることとなるからです。その経緯は後述します。

ただ、大国隆正の津和野本学の基盤となった復古神道は、早くから蘭学をも視野に入れた国際性も持ち合わせていたことに特徴があり、これまで世に思われているほど国粋主義的な色彩が強いわけではなく、それだけに、大国らは、明治初期の政治的混乱期に諸外国に相対するための思想として、「異国人に応接すべき国学は、いま世にたえてあることなし」(沖本常吉著『乙女峠とキリシタン』より)という絶対の自信をもっていたのでした。しかし、キリスト教への対応という点でみれば、この自信が邪魔をして、本来、国家の国際化に必要な信教の自由という視座に思い至らなかったことがその挫折の原因のひとつだったと言えるでしょう。

また、この頃の人々や社会全般の宗教観についてみてみると、徳川幕政下で敷かれた約二六〇年間にも及ぶ鎖国政策によって、旧幕臣や一般人だけでなく、開国を主張した層や明治新政府の要職に就いたリーダー達に至るまで、キリスト教が「邪教」であるという意識は、顕在も潜在も含めて、少なからず保持されていたと思われます。このことは、慶応四（一八六八）年三月付けで布告された「太政官定」にあった「切支丹《きりしたん》邪宗門《じゃしゅうもん》」の文言を、外国公使団や在留外国人からの抗議によって慌てて（わずか二十日後に）、「切支丹宗門」に改めるといった経緯からもうかがい知れるのです。ただ、この訂正は、明治政府の基本姿勢を修正するものではなく、あくまで「外国公使団の抗議の手前、一応このように体裁だけは取りつくろったけれども、キリシタン邪教観には少しの変化もきたしていない」（片岡弥吉著『浦上四番崩れ』）とする先学の見方もあります。実際、キリスト教禁制が実質的に廃止されるまでには、ここからさらに五年間の時間を要することになります。

福羽美静、高木仙右衛門と面会する

福羽美静は、当時津和野本学の正統的継承者であると同時に、神祇局判事として明治政府の宗教行政の実務的総責任者の立場にありました。美静は、当初からキリシタンを極刑に処することには反対していました。あくまで彼らの生命保全を主張し、政府決定もそれに従いました。これは、諸外国に配慮した面も当然ありますが、「理には理」で説得できるという大国隆正ゆずりの美静の自信によるものでもあったと思われます。

美静は、明治元（一八六八）年十二月（あるいは翌年一月）に、津和野で仙右衛門らに面会しています。その目的は、キリシタンの信仰の堅さを探ってみることだったと思われますが、中央の政府高官であり大学者である自分の前でも臆することなく、堂々と信仰について考えを述べる仙右衛門らの態度に、美静はとても驚いたといいます。美静はこのとき軽く宗教議論を交わしただけで、深い吟味や教諭は行なわず、仙右衛門らにご馳走や酒肴を振舞ったそうですし、その後、たびたび金員をも与えたようです。この美静の真意はちょっと分かりづらいですが、このときの面会によってキリシタンの信仰の堅さを直接感じたことが、その後のキリシタン政策を考える際に、美静になんらかの影響を与えた可能性は高いと思われます。

このときの面会の様子については、仙右衛門の『覚書』に記録されています。この原文の忠実な現代語訳を高木慶子が『覚書の研究』に載せているので、それによって、仙右衛門側から見たこの面会の場面を見てみましょう。さらに同書では、高木慶子が手書きの文字遣いをそのまま活字化しているので、原文の雰囲気を感じてもらうために、現代語訳のあとに同じ部分の冒頭部分を数行だけ紹介します。

（現代語訳）

このようにして日を暮らすうちに、もと津和野の侍であった福羽という人が東京からやって来ました。この人がキリシタンの者を見たいと言って私どもを呼びました。そこで部屋の者が皆行きましたところ、いろいろご馳走をしていました。そしてキリシタンのことについてねんごろにたずねましたので、天主さまのことを話しました。／この福羽という人は、その時分日本の国を四人でとりはからうその一人でした。ほかの三人はキリシタンは天子様の規則に背くので皆殺ししてしまったらよいと申しましたが、この人は一人、殺した人を生かすことはできないから生かしておくがよかろう、殺すときはいつでも殺せると言った人です。／この人はまた東京に帰りました。たびたび私どもに金をくれました。

（手書き原文）

さよふにして　ひをくらす　うちに、もと
つわのゝ　さむらい　ふくばといふ人が　とうけうより
つわのに　きました。この人が　きりしたんの　ものを
みたいと　いふて。よびました　ゆへに、へやのもの
みなゆき　ましたところが、いろ〱ごちそふして
おりました。　（改行、句読点、わかち書きは原文のまま）

美静が政府内でキリシタンたちの生命保全を決定した事実を、当のキリシタンたちも知っていたことはちょっとした驚きですが、これによって、囚われていたキリシタンたちにも、案外いろいろな情報がもたらされていたことがわかります。

津和野での「説得」「吟味」「拷問」

津和野藩は、第一次として慶応四（一八六八）年六月に二十八人を、第二次として明治三（一八七〇）年一月に一二五人を、合計一五三人のキリシタンを受け入れています。最初に説得方として直接説得にあたったのは、総括兼説得方が、藩士の千葉常善、説得方が藩士の森岡幸夫、神官の佐伯琹、藩士の金森一峰《かずね》などでした。森岡はのちに政府へ出仕していますので（その後復帰した）、金森が森岡の後任に入り、金森はその後総括となりました。なお、金森一峰は、幼い日の森鷗外に漢学を教えた米原綱善《よねはらつなえ》という養老館の先生の実兄です。米原家は森家の親戚でもあり、鷗外は、幼時のみならず、米原綱善を生涯尊敬し親交しました。鷗外が膨大な著述の中で、津和野のキリシタン迫害について一切触れていないことが、専門家の間でしばしば話題になりますが、直接キリシタンに迫害を加えた金森一峰が米原綱善の実兄であったことがその一因ではないか、とする見方もあります

(山崎國紀『森鷗外――基層的論究』など)。

津和野におけるキリシタン改宗の説得は、その後、次のように変化していきます。はじめは待遇がよく、対応も丁寧で最初の一か月はなにもなく、やがて説得が始まりました。最初は僧侶があたり、次に神官(佐伯ら)、さらに藩士(千葉・森岡・金森ら)があたりました。そのうちに説得から吟味へと変ってゆき、それも次第に厳しさを増していきます。例えば、食物などの待遇が徐々に冷遇されていったという具合に。

ほどなく六人が改心すると(キリスト教信仰を放棄することを「改心する」と表現している文献が多いので本書でもそれにならう)、改心者は光琳寺跡への登り口付近にあった法《ほう》心庵《しんあん》という尼寺に移され、ここで十分な待遇と、日雇労務への従事許可など、ある程度の自由が与えられました。さらにのちには、一部の改心者は、藩内の虹ケ谷《にじがたに》という集落や、現益田市の高津地域にも居住を許されたようです。これは、改心者と不改心者の待遇に極端に差をつけ、そして見せつける、という精神的拷問の一種です。

千葉ら説得方は、この頃にはすでに吟味を超えて拷問を加えていましたが、さらに改心者を増やそうと、「三尺牢」による責めに踏み切りました。三尺牢とは、その名のとおり三尺(約九十㎝)四方の立方体の木製の牢(というよりもほとんど檻)で、この中に入れられると、自由に手足を伸ばすこともできません。窒息はしないようになっており、天井部分に食物などがやっと入る小さな穴が開けてあります。この中に数十日も監禁するという、過酷で陰湿な責め道具です。この三尺牢は、意外にも、光琳寺跡ではなく、法心庵に三個置かれたといいます。これは、狭い牢の中から改心者の解放された好待遇の生活を見せつけるためであることは言うまでもありません。肉体的な苦痛に加えて、精神的苦痛をも加える非人道的な責めでした。三尺牢の最初の犠牲者は、和三郎（二十六歳）という青年でした。入牢から二十日後の明治元（一八六八）年十月九日に殉教しました。次は安太郎（二十九歳）が翌年一月二十二日に殉教しました。安太郎がこの三尺牢の中で、毎夜聖母マリアに励まされたことは、すでに述べました。そのほかにも、甚三郎や友八、仙右衛門が入牢しました。

さらに悲惨な拷問は「氷責め」です。真冬、氷の張った池の中に信者を突き落とし、長時間あげませんでした。酷い時には池に入れたまま頭の上から水をかけたこともあったといいます。氷責めにあったのは、仙右衛門、甚三郎、国太郎、友八、惣市らでした。

こうした厳しい拷問によって、第一次の二十八人のうち、信仰と命を引き換えにして殉教していった者は、和三郎（享年二十六歳）、安太郎（享年二十九歳）、清四郎（享年五十三歳）の三人でした。

第一次受け入れの一年半後の明治三（一八七〇）年一月には、津和野藩は、さらに一二五人を第二次として受け入れ、一次と合わせて総勢は一五三人となりました。二次者には、一次者の家族、特に、年少者、老人、女子が多く、一次にまさる迫害が、減食・拷問・家族分離などの形で加えられていきました。その悲惨さは目を覆うばかりでした。

二次者が来ることになった際に、甚三郎が一番心配したのは、一次者と二次者が分離され、役人が「前の者は皆改心した」と二次者を欺くことでした。そこで彼は、「先の者は十二人が依然心をかえずにいる」と記した紙を便所の踏板に隠しました。この頃には、一次者二十八人のうち十三人が改心し、三人が殉教しましたが、残り十二人は信仰を守っていたのでした。そのメッセージが二次者に確実に伝わる保証はありませんでしたが、運良く甚三郎の姉のマツがその紙片を見つけ、幸いそのメッセージは伝わりました。

永井博士著『乙女峠』にも、拷問についてのちに本人たちが語った感想が次のとおり記されています。

打たれたり（中略）するのは、その時は痛いけれど、息が切れれば殉教者の光栄を与えられると思い、望みがあるから、ただ歯をかみしめてしのげばよいが、（中略）何が恐ろしいといっても、絶えず腹をへらされ、仕事もさせられず、大ぜい狭いへやに詰め込まれて長い年月を暮らさせられるほど、ききめのある責め手はないのだそうです。

こういう責め苦にあうと、男よりは女のほうがしんぼう強く、かえって女から男が励まされました。子どもは母の教えたとおりにします。こういう大きな迫害の中では、主婦がしっかりしていた家庭だけが、最後までがんばり抜きました。

こうした厳しい拷問によって、二次者では、一年四か月のうちに一二五人中三十一人が殉教するという高い死亡率（約二十五％）となりました。

一方、改心者は、一次と二次の合計一五三人中八十二人でした。この改心者の人数が多いのか、少ないのかについては、軽々に論評できませんが、これがのちに改心者の悲劇や、改心者と信仰を守った者との対立と協力など、さまざまな人間模様を生むことになります。本書ではそれらにまで触れる余裕がないので、のちの機会に譲りたいと思います。

迫害の終焉と喜びの帰還

永井博士著『乙女峠』に、次のような一文があります。

流された信者に対する拷問がどこからともなく外国使節団の耳にはいり、それがそれぞれ本国の新聞に報道されて、雑誌で批判され、どこの国でもわきかえるような世論となってきました。

これは、迫害の終焉に向けた一筋の光でした。ここから実際に迫害が終焉に向かう経緯について、時系列的に確認していきましょう。
まず、明治三（一八七〇）年十二月、金沢藩預かりの浦上キリシタンへの非人道的な処遇が英字新聞に掲載されたことから、イギリス公使アダムスが待遇改善と預かり諸藩の待遇調査を要求しました。政府は早急に対応し、一斉調査と待遇改善を各藩に指示するとともに、説諭による教化を命じました。津和野藩にも、明治四（一八七一）年五月十九日、外務権大丞楠本正隆が調査に入り、これ以後キリシタンの待遇は大幅に改善されたといいます。

同年十一月から不平等条約改正準備のために欧米に派遣されていた外務卿岩倉具視全権大使らは、翌明治五（一八七二）年一月に会見したアメリカ大統領グラントから、キリスト教徒の信教の自由を保証するように要求されました。具体的には、日本における信教の自由の保証は、国際社会における良好な関係の保全に欠かせないこと、自国（アメリカ）の宗教であるキリスト教を侮辱することはその国の人々を侮辱することであり、早急に浦上キリシタンを解放すべきであること、などが要求されたのです。岩倉は、この要求への対応が条約改正には不可欠であると考え、日本政府にその旨を伝えるため、使節に同行していた伊藤博文と大久保利通の両副使を急きょ帰国させて交渉しましたが、日本政府は、外国が日本に対して信教の自由を求めることは内政干渉であるとして退けました。そのため、十一回にわたって行われたアメリカとの条約改正交渉は不調に終わり、一行は、同年七月には時間切れでイギリスに渡りました。

イギリスでも、さらにその翌年一月に訪れたフランスでも、キリシタン弾圧に対する強い抗議と信教の自由が要求されました。特にフランスでは、東洋学者が日本におけるキリシタン迫害に関する報告書を国会に提出したり、国会で浦上キリシタン解放を求める国会議員の演説が行われるなどしたために、そのことがヨーロッパ中に報道されました。その動きは、そのあとの訪問国、ベルギーでもオランダでも同様でした。こうした状況について、永井博士は『乙女峠』に

どこの国に行っても、日本政府が人民に信仰の自由を与えていないのは野蛮国だ、という非難の世論がごうごうと岩倉大使一行を攻撃し、ことにベルギーのブラッセル（ブリュッセルのこと／筆者注）では、一行の乗った馬車が市中を通るとき、市民がおしよせてきて口々に非難し、人民に信仰の自由をゆるし、流されている浦上のキリシタンを牢から出せ、と叫んでやみません。

と記しています。さらに、岩倉らの驚きと理解についても永井博士は次のように続けます。

高の知れた浦上の百姓と思っていたのに、その名をこんな遠い国の市民が知っていて、

このように深い同情をよせていることはあまりにも意外でした。そしてキリスト教会

というものの大きさが、はじめて使節たちにわかったのでした。

オランダと交渉する頃には、岩倉大使は、帰国後には日本政府に信教の自由を認めさせる旨を約束しており、実際、岩倉はキリシタンを邪教視する政策の中止を求めて東京へ打電していました。永井博士は同書で、この電報の内容を次のように紹介しています。


吾人は行く所として、切支丹追放者と信教自由とのために外国人民の強訴に接する、この際、前者はすみやかにこれを解放し、後者については幾分の自由寛大の意向を表明しなくては、とうてい外国臣民の友誼的譲与を期待することはできない。


これまで政府は、キリシタン流配は国家神道推進のためのひとつの施策に過ぎず、諸外国の抗議は内政干渉だ、と突っぱねてきましたが、この岩倉の電報は、明治政府を大いに驚かせ、明治政府にとっては些細な問題だと思っていたものが、不平等条約解消という国家を挙げての大目標にとって最大の障害であることを、真に理解させられたのでした。

そしてついに明治政府は、明治六（一八七三）年二月二十四日、太政官布告六十八号によって「キリシタン禁制の高札撤去」を、続けて同年三月十四日には太政官通達をもって「長崎県下異宗徒帰籍」を命じました。ここに、天正十五（一五八七）年、豊臣秀吉がキリスト教を禁じて以来、二八六年間に及ぶ禁教令の実質的廃止が決定しました。

この布告を受け、津和野においても浦上キリシタンの帰郷が同年五月に始まりました。

第一次から丸五年、第二次から三年半ぶりの喜びの帰還です。ただし、残念ながら乙女峠には、この間に三十七人の尊い命を失った悲しい歴史が刻み込まれました。なお、五十四人の改心者は、前年（明治五年）太政官から出された「改心者放免達」によって一足先に帰郷していました。

このキリスト教解禁措置についての歴史家の見方は、必ずしもこれをもって日本において信教の自由が確保されたとは言えない、とされているようです。その代表的な意見を高木慶子が『覚書の研究』に次のように記しています。

キリスト教は完全な信教の自由を獲得したのではなく、外国との条約改正交渉進展のため表面だけの信教の自由を保証されたにすぎなかったのである。キリスト教徒は明治十七年の教導職の廃止まで、神仏いずれかの埋葬を強制されており、キリスト教独自の葬祭は許されていなかった。／このような経過を見る時、（中略）この時の明治政府には真の信教自由の理念も個人の人権尊重の思想もなく、ただ文明国家建設の体裁を整えるためだけの「高札撤去」だったのである。

この中で特に、「キリスト教独自の葬祭は許されていなかった」の指摘は「真の信教の白由」ではなかったことの証左として重要です。

地元住民の感情と交流

作家の遠藤周作はカトリック教徒です。彼が殉教の地乙女峠の訪問を目的として津和野に訪れ、そのときの印象を「津和野」というエッセイにまとめて昭和三十七（一九六二）年七月に雑誌「ミセス」に発表しています。その中に、当時の津和野藩の立場や事情について感想を述べた次のような一文があります。

津和野藩としても、こうした拷問をやるのもおそらく本意ではなかったであろう。（中略）津和野は多くの学者や芸術家を出している場所である。理には理をもって、という気持ちは役人や藩主にもあったのだろうが、それが不可能とみるや問題の解決を急ぎすぎたのかもしれぬ。

もし我々津和野の者が言ったとすれば、ある種、弁解がましく聞こえるかもしれない内容ですが、クリスチャンの遠藤周作のこの言葉には、真実が含まれているように思えます。藩士ばかりでなく、直接迫害に手を出さなかったとはいえ、知っていながらどうすることもできなかった地元の人々の心情もある程度は察することができます。仕方ないとはいえ、黙認・沈黙することで、どこか迫害の片棒を担いでいるという罪悪感は拭い去れなかったのではないでしょうか。

こうした心情の一方で、キリシタンと地元住民の交流に関する意外なエピソードもあります。改心者の一部が、虹ケ谷という集落への移住を認められたと前述しましたが、虹ケ谷に移った改心者が、地元の人に牛乳に高い栄養価があることを教え、搾乳の方法を伝えて牛乳の飲用を奨励したというのです。津和野における牛乳飲用の発祥は意外にも虹ケ谷ということになりそうです。

また、城下に近い天神山の麓に、キリシタンが開墾した土地があり、古くは「キリシタン畑」の地名も残っていたといいますが、現在では、この地名を記憶している人はほとんどなく、その位置も不明となっています。

「乙女峠」の基礎をつくったビリヨン神父

迫害から約二十年後の明治二十三（一八九〇）年、ビリヨン神父が初めて津和野の地を踏みました。なお、「ビリヨン」の日本語表記は、「ビリオン」と「ビリヨン」の二種がありますが、「ビリヨン」とする文献のほうが多く、津和野では「ビリヨン」が定着している感もあるので、本書では「ビリヨン」とします（ただし引用文では引用元の表記にしたがう）。このときのビリヨン神父の津和野入りによって、すでに津和野では風化しようとしていた、殉教の記憶を復活させる動きが胎動を始めます。

ビリヨン神父（一八四三～一九三二）は、フランスに生まれ、明治元（一八六八）年九月に二十五歳で来日（長崎大浦天主堂）し、以後、昭和初年にかけて、長崎、神戸、京都、山口、萩、奈良などで布教活動に尽くし、大阪で生涯を閉じました（八十九歳）。その功績は、神学者池田敏雄の著書『現代日本カトリックの柱石ビリオン神父』（以下『ビリオン神父』という）に詳述されています。また、明治六（一八七三）年二月、長崎帰還直前だった甚三郎は密かに津和野を脱出して神戸のビリヨン神父に面会したことがありますし、長崎帰還後の仙右衛門も甚三郎とともに明治二十三（一八九〇）年に、大浦天主堂でビリヨン神父に会っており、ビリヨン神父は、津和野訪問の前から津和野送りされたキリシタンと交流していました。

明治二十二（一八八九）年、山口に赴任したビリヨン神父は、翌年六月、仙右衛門らから聞いていた津和野のキリシタン殉教の地を巡礼するために、初めて津和野に入りました。本町の旅館「松屋」に投宿したビリヨン神父は、その旅館の主人中島勘十郎と知り合います。勘十郎は弟がキリスト教（プロテスタント）の牧師となっていたことから神父に親しみを覚えたらしく、津和野でのビリヨン神父の活動に協力を惜しみませんでした。また、勘十郎自身、のちにカトリックに入信しています。前掲『ビリオン神父』には次のように記されています。

ビリオン神父は明治二三年六月、金森伝道士と共に人力車で津和野へ出発した。（中略）／日がとっぷり暮れたので、神父は取りあえず宿屋を捜し回った。幸いにも中島という親切な人が神父たちを自分の家に案内し、何くれと面倒を見た。（中略）神父は思いがけない援助者を授けて下さった神の配慮を幾度となく感謝した。中島氏はよく気をきかして、長崎キリシタンの遺跡や牢獄や信者の墓などを捜してくれた。

こうしてよき協力者を得たビリヨン神父は、光琳寺跡などのキリシタン遺跡の調査に着手していきました。この引用文にも「長崎キリシタンの遺跡」などを「捜し」た、とあるように、キリシタン迫害から二十年近く経過したこの頃は、津和野の迫害事件はすでに風化し始めていたことをうかがわせます。そして、このビリヨン神父の津和野訪問が、その風化を食い止め、津和野において今日のように乙女峠が町民や観光客に愛される場所となる第一歩でした。

しかし、ビリヨン神父の訪問と活動は、初めから順調だった訳ではありません。『ビリオン神父』には次のような記述もあります。

神父が津和野に来たその翌日から、町の人たちは「キリシタンの坊主だって？　何しに来たのだろう？」と盛んに井戸端会議を開いた。神父は、昔から伝わっているつまらぬ疑いを人びとに起こさせないため、余り町に出ないようにし、牢獄になっていた寺の跡を捜すことも焦ってはいけないと考えた。

そして、勘十郎の働きによって、運良く光琳寺跡の元牢番役人で二年間キリシタンの監視を勤めたという岡村市太（当時三十七歳）に会い、話を聞くことができました。岡村は「あの信者たちは、実におとなしくよく言うことを聞いた。どんな仕事でもきちんとやってくれた」と語りましたが、刑罰のことについては、かたく口を閉ざして話さなかったといいます。また岡村は、神父らを信者の墓のある場所にも案内しました。

ビリヨン神父の「光琳寺のキリシタン講演会」

ビリヨン神父の津和野初訪問の成果は以上のようなものでしたが、翌明治二十四（一八九一）年の夏、神父は再び津和野を訪れました。このときは、津和野で父を失い、自身もここで迫害を受けたという、ヨハンナ岩永（ヨハンナはクリスチャン名。本名は岩永せきと推定されている）を同行していました。この頃広島に住んでいた岩永のことを知ったビリヨン神父が、広島教区に協力を依頼して実現した、キリシタン遺跡探索の旅でした。この日、岩永の記憶を頼りに、迫害の舞台となった光琳寺跡を訪れた二人は、荒れ果ててわずかな痕跡しか残されていないその場所に立ちました。岩永も最初はよくわからなかったようですが、徐々に記憶はよみがえり、自分たちが押し込められた狭い倉庫の跡や、仙右衛門や甚三郎が苦しめられた氷責めの池の跡なども次々に見つけていきました。そして、二人は長い時間その場所にたたずんで涙とともに深い祈りを捧げたといいます。

ビリヨン神父は、地元の人々に信仰の勇士達のことを思い出してほしい、との強い一念を抱き、ヨハンナ岩永と光琳寺跡に立ったその夜のうちに講演会を開くことを計画します。その神父の熱い思いに打たれた中島勘十郎らは、急きょポスターを作成して貼り出したり、口コミで周知するなど、まさに東奔西走して、一挙にその講演会を実現に導きました。講演会は、「三国座」という千人収容できる真新しい芝居小屋を満員にして、「光琳寺のキリシタン講演会」と題されて催されました。神父の講演の内容は、維新前後から今日までの日本文化の状況に始まり、日本におけるキリスト教及び迫害の歴史や西欧諸国と日本の関係を紹介したあと、光琳寺での迫害の詳細に及びました。聴衆の中には光琳寺の迫害を記憶している者も多く、熱を帯びる神父の講演が進むにつれて場内は緊張感であふれました。なお、会場となった三国座は、岩谷健三『近代の津和野』によれば、本町一丁目の財間家の裏手あたりにあった芝居小屋で、明治二十年代半ばの創立とされ、経営者は金山兵槌という人でした。千人以上の収容が可能で、芝居や活動写真など多くの興行を提供しましたが、大正十一（一九二二）年に閉館しました。建設の詳細な時期は不明ですが、明治二十四年の夏にこの講演会が開催された当時は、新築であったと思われます。

講演の最高潮は、聴衆に加わっていた元説得方・金森一峰本人に対して神父が発言を求めたシーンです。この会場に、迫害に直接手を下した金森一峰がいたことに驚きますが、それ以上に、神父が壇上から金森の名を呼んで、「真実の承認を求めた」ことにはもっと驚くとともに、これによって、会場が一瞬のうちに張り詰めた空気に包まれたであろうことは容易に想像できます。この場面は、一見すれば、金森にとっては「針のむしろ」のようにも思えますが、実は、こうして多くの地元の聴衆の前で迫害の事実を当事者として認めたことによって、一種の免罪感があったのではないでしょうか。また、ビリヨン神父自身、金森に対する糾弾の意味よりも、「肩の荷を降ろさせる」効果を意識したやりとりだったのではないでしょうか。さらに、これは金森だけでなく、迫害事件をある種「見て見ぬふり」を強いられてきた津和野の人々全員にも向けられた神父の配慮ではなかったのか、などと、筆者は想像を膨らませます。講演が終わると、感動の拍手がいつまでも鳴り止まなかったといいます（この講演会の様子については、加古義一『山口公教史』を参考とした）。

なお、この金森一峰がのちにキリスト教に入信したとする資料が一つだけ存在します。それは、表紙に「昭和四十六年七月二十五日／津和野の切支丹迫害／乙女峠殉教者準殉教者顕彰会総会講演／久保忠八」と書かれた冊子です。ここに記された日に久保忠八によって行われた講演内容を記録・印刷した冊子だと思われます（会場は不明）。その中に、
もう一人の責役人金森一峰も後に改宗して信者となり、その子孫が現在島根県浜田市に居るらしいとのことで目下調査中であります。
とあるのがその部分です。この時点でも「目下調査中」とあり、確認されたものではないようですが、筆者の知る範囲では、この資料以外に金森一峰がキリスト教に入信したという事実を確認することは現在までできていません。なお、金森と同じ説得方だった森岡幸夫は、のちに秋田でカトリック信者となったといいますし、さらに幸夫の長男の森岡健夫は、父の死後カトリックの伝道士となり、大正七（一九一八）年に光琳寺跡で甚三郎に面会して、父の罪を詫びたという感動的な逸話もあります（森岡の逸話は沖本常吉『乙女峠とキリシタン』ほかによる）。金森一峰の入信は、ひょっとすると、この森岡と金森が混同されているのかもしれませんが、詳細は不明です。
ビリヨン神父のこの夜の講演会をひとつの契機として、町民の中に、津和野における歴史的汚点ともいえるこの迫害事件を直視し、語り継いでいこうという機運が芽生え始めたように筆者は感じます。ビリヨン神父のこの講演が果たした、乙女峠に対する歴史的意義は、そういった意味合いから、計り知れないものであったと言えるのではないでしょうか。

なお、この年（明治二十四年）、津和野に住む俵繁次がビリヨン神父からカトリックの洗礼を授けられ、ここから津和野における本格的布教が開始されていくこととなります。俵繁次は、のちに始まる乙女峠まつりをパウロ・ネーベル（日本名、岡崎祐次郎）神父と共に立ち上げた人物です。

ビリヨン神父は、その後も殉教地乙女峠の発展とキリシタン追悼に尽力し、講演会の同年（明治二十四年）には、乙女峠にほど近い蕪坂《かぶさか》というところに、殉教者のための追福碑を建立しました。この追福碑の正式名称は「至福の碑」といいます。高さ約二mの自然石に「為義而被害者乃真福」の九文字が刻まれており、石の頂点に木製の白い十字架が光っています。

なお、この追福碑建立の時期については、池田敏雄『ビリオン神父』では、本文、巻末年表のどちらにも「明治二十五年八月」と記されています。なるほど、明治二十四年は前述のように、夏にビリヨン神父が講演会を急きょ開催した年なので、その年の八月にいきなり追福碑の建立までは不可能だったのではないか、という疑問も生まれますので、翌明治二十五年に碑が建てられたとするほうが一理あるようにも思えます。しかし、追福碑の裏面には、はっきりと「明治二十四年八月」と刻まれているので（刻字の際に年次を誤った可能性もないとは言えないが）、本書では「明治二十四年説」をとることにします。

ビリヨン神父は、ほかにも、明治二十五（一八九二）年に、津和野カトリック教会を創立したり、大正十一（一九二二）年には、光琳寺跡に「信仰の光」記念碑を建立するなどしています。

ネーベル神父の思い出

パウロ・ネーベル神父（一八九六〜一九七六）は、ドイツに生まれ、昭和三（一九二八）年、三十二歳のときにイエズス会の宣教師として来日し、広島教区を経て、終戦直後の昭和二十一（一九四六）年十月に津和野に着任しました。以来昭和四十八（一九七三）年までの二十七年間、津和野カトリック教会で神父を務めました。ビリヨン神父が「乙女峠の開祖」とするなら、ネーベル神父は「乙女峠中興の父」と呼ぶべき存在ではないでしょうか。戦後から現在に至る乙女峠の振興や整備、乙女峠まつりの基礎づくりなどに大きな功績を残したからです。

まず、着任直後から光琳寺跡でのキリシタンの信仰と殉教の象徴である乙女峠記念堂の建設に取り組み、昭和二十六（一九五一）年五月十三日に献堂式の挙行に至りました。さらに、翌昭和二十七年五月十一日、乙女峠まつりを俵繁次ら信徒とともにスタートさせました。乙女峠まつりの開催日は、昭和二十九（一九五四）年から現在のように五月三日に固定されました。現在のまつりの様子は、本項の冒頭に記したとおりです。

ネーベル神父は、津和野で信仰生活を続けるうちに日本と津和野への強い愛着を温め、名実ともに日本人・津和野人になりたいと帰化を決断し、昭和三十（一九五五）年七月十七日に帰化手続を完了しました。帰化後の日本名には「岡崎祐次郎」を選びました。祐次郎という名は、光琳寺跡で過酷な拷問によって十四歳で殉教した少年守山祐次郎にちなんでいることはよく知られていますが、岡崎についてはあまり話題になることがありません。そのことをよく知る元津和野町長の中島巖が乙女峠まつりの五十周年を記念して発行された冊子に、『私の思い出』という文章を寄せて、次のように記しています。

（ネーベル神父の帰化名の／筆者注）姓をどの様にしたらよいかと相談を受けた私は、旧姓「ネーベル」をうまく活かせないかと考えてみたのですが、これはなかなか難しいことでありました。そこで殉教地、乙女峠にちなんだよい案はないだろうかといろいろ考えた末、光琳寺のあった乙女峠の小高い丘のイメージから「丘」か「岡」の一文字を取り入れたらどうだろうかと提案を申し上げました。

この中島巖の提案を聞いた神父は、「丘」「岡」の美しいイメージに好印象を持ち、次のような思いを述べた、と中島巖は記しています。

いわゆる殉教地乙女峠光琳寺の丘（岡）があり、それに通じる道と信仰の歩みがあり、更にそこから未来に向って進んでゆく道とたゆみない信仰の歩みがなければいけない。そして神父はさらに検討を重ねて、日本全国で古くから用いられている岡崎にしようということになり、日本人岡崎祐次郎神父が誕生しました。

筆者は津和野生まれで、しかも生家がカトリック教会にも近かったので、昭和三十七（一九六二）年三月に、カトリック教会に隣接する保育施設「津和野幼花園」を卒園しました。筆者が通っていた頃、幼花園では毎週土曜日に「神父様のお話」があったと記憶しています。年長組全員が大きなお遊戯室に集まって（あるいは教会の御堂だったかも）、岡崎神父のお話を聞きました。しかし、神父の日本語は発音が明瞭でなく、何を話しているのかさっぱり理解できず、申し訳ないが六歳のやんちゃ盛りのガキどもにとっては、退屈以外の何ものでもなかった、という印象でした。あとで知ったのですが、神父はもともと日本語の発音があまり得意でなかった上に、少々吃音もあったそうで、帰化のときの面接でもかなり苦労したとのことでした。しかし、そんな岡崎神父のお話の中で、今でも記憶に残っている一つの言葉があります。それは「神様のことを考えましょう」という言葉です（正直なところ岡崎神父のこの言葉は「カミサマノコト、ヲ、カンガエ、マショー」と片仮名で書いたほうが感じが出る）。これもあとで知ったのですが、この言葉は、私たち園児だけでなく町民にも広く親しまれて、岡崎神父を象徴する言葉となっています。それを示すように、この言葉は、岡崎神父が乙女峠に昭和四十三（一九六八）年に建立したレリーフ記念碑「乙女峠の聖母とその殉教者」にも刻まれています。この記念碑には、中田秀和の作になる聖母マリアを囲む殉教者の姿を描いた銅板レリーフ絵と、先ほど紹介した岡崎神父の言葉のほか、「聖母出現百周年記念」の文字も刻まれています。

岡崎神父を含む歴代の神父は、教会に隣接する神父館に住んでいました。その神父館は、幼花園や教会と同じ敷地にあり、私たち園児もよく目にしましたが、園児にとっては鬱蒼とした木立ちの奥にある異人館といった趣に感じられ、ちょっと近づき難い印象がありました。少し大きくなってからは、その木立ちに蟬をとりに行ったりするようにはなりましたが、園児のときには、神父館の中に入ることはもちろんなかったし、近くにもあまり寄らなかったように思います。ちょっと秘密めいた「異人館」という印象だったのでしょう。

岡崎神父のエピソードをもうひとつ。岡崎神父は「毎日のように」ではなく、本当に「毎日」、文字通り雨の日も風の日も、必ず乙女峠を訪れていました。これは町の人は皆知っていたことで、それも、毎日きっかり午後四時に神父館を出るので、神父が通る道順沿いの人は、神父の姿を時計代わりにしていたくらいです。そしてこれは筆者の個人的記憶ですが、確か神父は、天候に関係なくいつもゴムの長靴を履いて乙女峠に通っていたように思うのですが、この記憶は定かではありません。

乙女峠の殉教者のために信仰生活のすべてを捧げた岡崎神父でしたが、昭和五十一（一九七六）年八月二日、たまたま姉の見舞いのために帰省していた、ドイツ・ミュンスター市で永遠の眠りにつきました。八十年の生涯でした。このニュースは瞬く間に津和野にも届き、すべての町民が神父の突然の訃報に驚き、悲しみと感謝の意を表しました。

キリシタン追福碑「至福の碑」

乙女峠から南側の尾根をひとつ越えた谷あいの「蕪坂《かぶさか》」に、殉教者三十七人を合葬したキリシタン追福碑「至福の碑」をビリヨン神父が建立したことは前述しました。

また、昭和六十（一九八五）年には、乙女峠と追福碑を結ぶ「十字架の道行き」が開通しています。ちなみに地元の人はこの追福碑がある場所を「千人塚」と呼ぶことが多いのですが、それはいささか不正確な言い方です。正確には、千人塚は追福碑に隣接して建っている「南無地蔵大菩薩」と刻まれた石碑と御堂のことを指し、これは天保の飢饉で亡くなった多くの人を慰霊するためのいわゆる万霊塔で、追福碑建立以前からここに建てられていました。したがって、この追福碑は、やはり「キリシタン追福碑」または「至福の碑」

と呼ぶのが正しい（現地の案内板には「至福の碑」とある）と思うのですが、なぜか地元では、キリシタン追福碑も至福の碑も定着しておらず、千人塚がこのキリシタン追福碑を指す言葉として定着している感があります。

至福の碑のすぐ脇にはキリスト像があり、その足元には、昭和四十八（一九七三）年五月に津和野乙女峠殉教者顕彰会によって設置された殉教者名碑があります。そこには、殉教者の洗礼名と本名、続柄、年齢が刻まれています。なお、続柄が記入されていない人もいます。

進められる列福列聖運動

本項の最後に、乙女峠にまつわる、現在進行の話題を紹介します。それは、「列福列聖運動」です。列福列聖運動とは、バチカンのローマ教皇に対して、乙女峠で命を失った殉教者を福者、さらには聖人として、宗教的に認可してもらうことを目指す運動です。平成二十五（二〇一三）年の乙女峠まつりにおいて、広島司教区の前田万葉司教が正式に宣言したことから、運動が本格的にスタートしました。現在では、日本のカトリック教会全体の運動として認知され、数年後の認可を目指して、さまざまな運動が予定されているそうです。

この運動は、あくまで宗教上の認可を目指すものですが、津和野町民の理解とサポートが欠かせないともいわれています。これまで紹介してきたように、乙女峠や乙女峠まつり、さらには歴代の津和野カトリック教会神父は、宗教の違いを乗り越えて、町民に深く愛されてきました。しかしその一方で、津和野町には、こんなに立派な教会があり、大規模な野外ミサを伴う乙女峠まつりが挙行されているにもかかわらず、カトリック信者は驚くほど少なく、人口約八〇〇〇人に対してカトリックの家庭は約十軒ほどだといわれています。このことからも、津和野のカトリック文化は、従来から信者さん以外の町民もともに支えてきたことがうかがえます。

また、観光の町でもある津和野町にとって、乙女峠がカトリックの聖地に認定されることによって、大きな経済効果が期待されることから、町民の多くが列福列聖運動に理解と協力を表明しています。それを示すこととして、平成二十六（二〇一四）年十月、一日も早い認定を希望する趣旨を記した、津和野町民約一〇〇〇人の署名が広島教区に届けられたことがあげられます。発起人は、津和野町商工会長と津和野町観光協会長です。署名呼びかけ対象地区の人口は、約三〇〇〇人でしたので、三分の一の町民が趣旨に賛同して署名したことになります。これは宗教における町の活性化の珍しくも好例になるのではないでしょうか。今後展開される運動のあらゆるステージにおいても、町民の協力と連携が図られていくことは、間違いないと思います。

My 鷗外語録【1】

己《おれ》は隠居することに極《き》めた。父は五十九歳で隠居して七十四歳で亡くなつたから、己も兼《かね》て五十九歳になつたら隠居しようと思つてゐた。それが只少しばかり早くなつたのだ。若《も》し父とおなじやうに、七十四歳まで生きてゐられるものとすると、これから先まだ二十年程の月日がある。これからが己の世の中だ。己は著述をする。

（54歳／『渋江抽斎』）

My 鷗外語録【2】

日の光を藉《か》りて照る大いなる月たらんよりは、自ら光を放つ小き燈火たれ、是れ鶏口牛後の説の骨髄なり

（36歳／『知恵袋』）

（大意）太陽の光を反射して明るく照る月よりも、自ら光を発する小さなろうそくになれ。「鶏口となるも牛後となるなかれ」という諺の真髄もここにあるのだ。

第二章
明治を駆け抜けた津和野人たち

幕末から維新にかけての時代には、直接活躍の機会はなかったものの、様々な分野において明治時代を中心として、あるいは明治時代に生まれてその後の大正から昭和期に活躍した津和野人は多くいます。本章では、そんな多才な津和野の人々を紹介します。なお、津和野の文化人を代表する存在として、おそらく最も著名な森鷗外については、別に「第三章」を立てて紹介したいと思います。

日本近代紡績業の草分け
山辺丈夫

不屈の精神は二人の父から

津和野町後田の島根県立津和野高校グラウンドに隣接する「嘉楽園《からくえん》」は、旧津和野藩邸の庭園の一部を今に伝えるもので、現在は町民の憩いの場として親しまれています。ここには、最後の藩主亀井茲監の頌徳碑をはじめ、多くの石碑が建てられており、これらの一つひとつを訪れて、歴史や先人の面影を偲ぶのも一興かと思われます。そんな石碑の中に、我が国紡績業界の草分け的存在である、山辺丈夫の頌徳碑があることは、地元でも意外と知られていないようです。

山辺丈夫《やまのべたけお》（一八五一〜一九二〇）は、嘉永四（一八五一）年十二月八日、津和野城下の森町堀内（現津和野小学校敷地内）で、津和野藩士清水格亮《ただすけ》の二男として生まれました。幼名を虎槌または善蔵といい、のちに丈夫と改めています。四歳のときに同藩士の山辺正義の養子となり、以後山辺姓を名乗っています。のちに数々の困難を乗り越えて成功者となった丈夫の不屈の精神は、文武に優れていた実父と、各種武道の免許皆伝の腕前をもっていた養父の双方から受け継いだものだといわれています。特に実父の清水格亮は、幕末には藩の側用人を務めており、藩境に押し寄せた長州軍を相手に、藩の代表として困難な交渉をまとめて、藩の危機を救うほどの実力者でした。

イギリスの大学へ遊学

丈夫は、藩校養老館で学んだのち、明治三（一八七〇）年、十九歳のときに藩の奨学制度によって、文学修業の命を受けて上京しました。はじめは同郷の国学者、福羽美静らが教える培達塾で学んでいましたが、丈夫は元来洋学を志していたので、西周の育英舎や中村敬宇の英学同人舎に移って洋学や英語を学びました。この東京遊学中の明治四（一八七一）年、廃藩によって藩からの学資が絶たれ、加えてこの頃、実母と養父が相次いで亡くなるなど窮地に立たされましたが、持ち前の精神力の強さで勉学を続けました。明治五（一八七二）年六月、一旦津和野に戻ると、家財などを整理して八月には養母の喜勢を伴って再度上京しています。

なお、この再上京は、十歳の森鷗外（このときは林太郎と呼ばれた）とその父静男も同行しての上京でした。鷗外研究においては、このときの鷗外親子の上京の路程は、現在、必ずしも明確ではないとされていますが、山辺丈夫の伝記『孤山の片影』の中の「田中栄秀氏の日誌」によって、周防の三田尻以降については、ある程度の類推が可能です。

明治十（一八七七）年、旧藩主家の養嗣子亀井茲明のイギリス留学が決まると、この頃丈夫が茲明に英語を教えていたことがきっかけとなって随行者に選ばれ、ロンドンでの遊学生活が始まりました。

日本初の従軍カメラマン亀井茲明（一八六一〜一八九六）の生涯

ここで、丈夫が随行としてヨーロッパに同行した、亀井茲明《これあき》について触れておきます。

亀井茲明は、孝明天皇の側近を務めた華族、堤《つつみ》哲長《あきなが》の三男として東京で生まれ、十一歳で宮中に上がり明治天皇の給仕を務めました。明治八（一八七五）年、十四歳のとき、子どもに恵まれなかった旧津和野藩主亀井茲監《これみ》の養子となりました。茲監は、津和野藩が廃止された明治以後は子爵を授けられており、「亀井子爵家十二代当主」と呼ばれました。なお、この「十二代」は因幡時代から数えた代数です。したがって、茲監から家督を継いだ茲明は、亀井子爵家十三代当主と呼ばれます（ただし、茲明の子爵は茲監からの世襲ではなく明治十七年に茲明個人に授けられている。のち伯爵に昇爵）。

若くして同郷の西周から西洋の学術を学び、強い影響を受けたといわれます。明治十（一八七七）年から約三年間イギリスに留学し、このとき山辺丈夫が同行しました。イギリスではロンドン大学予科で学び、三年後に帰国すると宮内省に勤務しましたが、明治十九（一八八六）年には休職してベルリンへ留学します。ベルリンでは、留学中だった同郷の森鷗外がドイツ語を指導するなど面倒をみています。この留学では、王室の儀式などを調査研究しましたが、その活動や関心は広く西洋美術や芸術にも向けられ、欧州各地に出向いて一万点以上の美術品を収集しています。特に、染色布や壁紙のコレクションは、現在ではドイツにおいても貴重なものとなっています。留学中にフランスで開催されたパリ万国博覧会も視察しました。また、まだ留学中だった明治二十五（一八九二）年に伯爵位を授けられています。同年、足かけ六年間にわたる長期留学を終えて帰国しました。

ドイツ留学から帰国すると、得意とする美術に関する研究活動に取り組み、著書もありますが、玆明の生涯を最も特色づける活動は、明治二十七（一八九四）年に勃発した日清戦争に、自ら従軍カメラマンを願い出て認められ、写真班を編成して戦地に赴いたことでしょう。これによって、玆明は「日本初の従軍カメラマン」と呼ばれています。この戦役で撮影した写真は三〇〇枚以上だといわれ、写真集『明治二十七八年戦役写真帖』にまとめられ、明治天皇に献上されました。しかし、このときの過酷な戦場生活によって健康を害し、明治二十九（一八九六）年七月に三十五歳の若さでこの世を去りました。旧津和野藩主家に、こんなにユニークでアクティブな生涯を送った人がいたことを、記憶しておきたいものです。

渋沢栄一の支援を受けて紡績機械技術の習得に転向

山辺丈夫《たけお》のイギリス留学の話に戻ります。

ロンドンでの丈夫は、はじめ、ロンドン大学で保険業と経済学を研究していましたが、当時、日本において官営紡績所設立の計画や、日本を代表する経済人渋沢栄一（一八四〇

～一九三一）らによる民営紡績工場建設の動きがあることなどを知ると、ロンドンにあって、祖国の工業の一日も早い近代化の必要性を痛感していたため、渋沢らに働きかけて紡績業研究に転ずるための費用を支援してもらうことになりました。渋沢栄一は、武蔵国出身で、幕臣から明治新政府の大蔵省に出仕しました。退官後は、第一国立銀行頭取を始めとして、終生、実業界、経済界で多種多様な業種に関わって活躍しました。近代日本経済界の黎明期から発展期をリードし続け、「日本資本主義の父」と称されます。

こうして丈夫は、ロンドン大学からキングス・カレッジに移って機械工学を学び始めましたが、実地方面の勉強も必要と考え、現地の紡績工場で自ら職工として、文字通り油にまみれて働きました。その間、左手に重傷を負うなど二度も負傷しながらも、一日も早く技術を習得しようとする熱意によって修練を積みました。その熟達の早さには工場の職人たちも舌を巻いたといいます。また、同じ頃に紡績機械の製造組み立て方法についても実地に研究を重ねていきます。

血と汗の努力結実

明治十三（一八八〇）年に帰国した丈夫は、すぐに準備を進め、明治十五（一八八二）

年、渋沢栄一らと資本金二十五万円の大阪紡績株式会社を設立すると、約一万錘の最新式ミュール精紡機を備えた日本初の組織的紡績工場が完成し、操業を開始しました。途中二度も大火災に遭うなど、何度か危機にも直面しましたが、我が国の経済状況は、日清、日露の両戦争をはさんで、近代日本資本主義の成立発展期にあったことに加えて、軽工業、その中でもとりわけ紡績業が、我が国における産業革命の中心的役割を担っていたこともあって、会社は順調に発展を続けることができました。

そして大正三（一九一四）年、三重紡績株式会社との合併によって、我が国最大の紡績会社「東洋紡績株式会社」が発足すると、丈夫がその初代社長に就任しました。六十三歳のときでした。こうして、若き日、遠いイギリスの地で職工として文字どおり汗と油にまみれて研鑽を積んだ丈夫の努力が結実しました。

しかし、強健な体力と精神力に恵まれたこの一大実業家も病には勝てず、大正九（一九二〇）年五月十四日、須磨の自宅で六十九歳の生涯を閉じました。

なお、丈夫が初代社長を務めた「東洋紡績株式会社」は、その後も合併を繰り返して、平成二十四（二〇一二）年には社名を「東洋紡株式会社」に変更して発展を続け、同年三月時点では、資本金五一七億円、グループ売上総額三、四九五億円、グループ総従業員数約一万人の企業に成長しています。現在の主な事業内容は、繊維、化成品、医薬品、バイオ・メディカル高機能製品などの開発・製造などです。本社は大阪市北区堂島浜にあり、日本の紡績業界の名門として国内のみならず世界にその名を知られる大企業です。ただし、現在では繊維以外の部門が高いウエイトを占めているようです。また、事業以外では、女子バレーボールの名門チームを擁して、日本の女子バレーをけん引した実績が有名ですが、長引く平成不況などによる本業不振のため、平成十四（二〇〇二）年度をもってチームは解散しました。出身選手には、現在タレント・解説者として活躍する大林素子がいます。

日本地質学の父
小藤文次郎

地質学を専攻に選ぶ

小藤文次郎《ことうぶんじろう》（一八五六〜一九三五）は、安政三（一八五六）年三月四日、津和野藩士小藤治生の子として、津和野町後田新丁に生まれました。藩校養老館で学んだのち、明治三（一八七〇）年、十四歳のときに成績優秀により貢進生に選ばれて上京し、東京大学の前身である大学南校に入学しました。はじめは、化学を学びますが、のちに地質学に転じています。
なお、文次郎が専攻を変更してまで地質学を志した理由については、東京大学理学部教授の木村敏雄が、東京大学公開講座『明治・大正の学者たち』の『日本の地質学と小藤文次郎』（一九七八年、東京大学出版会）の中で、
小藤文次郎の養嗣子、新居浜工業高等専門学校名誉教授小藤甫氏（中略）に伺った話では、小藤文次郎が地質学を選んだのは、津和野の国学者大国隆正の弟子福羽美静子爵の影響によるという。小藤はこれらの人の教えを受け、幼くして和歌をよくし、書をよくした。貢進生として選ばれる才はひろく津和野で認められていたという。東京留学中に福羽の世話になった小藤は、福羽の「宇宙開闢論をやらねばならぬ」という意見にひかれた。それが彼が地質学に進んだ動機であるという。
と紹介しています。ここで木村敏雄が触れている小藤甫《はじめ》（一八九八〜一九九二）は、文次郎と同じ理学博士で、愛媛大学教授、同工学部長などを務めましたが、専門は地質学ではなく合金に関する研究でした。筆者も生前の小藤甫に会ったことがあります。

貢進生制度と文次郎

いま「東京大学」と書きましたが、「いや、その当時は東京帝国大学ではないのか？」と指摘されることがよくあります。それは誤解で、文次郎が卒業した明治十二（一八七九）年は、「東京大学」が正しい名称です。東京大学の組織や名称は、急激な近代化を進める政府によって、めまぐるしく変更されています。

また、「貢進生（制度）」について、先学の記述などに誤解があるようなので、ここで整理して紹介したいと思います。貢進生制度については、『東京帝国大学五十年史』（一九三二年、東京帝国大学）に詳しい説明があります。まず、その発足や趣旨について説明している部分を引用すると、

明治三（一八七〇）年七月政府は、（中略）各藩に命じ人材を選抜して之を本学に貢進せしめ、又海外に留学生を派遣する等の事を計画せり。（中略）趣旨は各藩に命じて学問品行共に優秀なる子弟を選抜し、之を中央に集めて欧米日新の学術を授けて、以て国家有用の人材を養成せんとするにあり。

とあります。この引用文中の「本学」とは大学南校のことです。大学南校とは前述の通り、東京大学の前身のひとつで、洋学を習得させる高等教育機関でした。そして、その人数や

年齢については、次のとおり各藩に告知しています。

現高十五万石以上　三人
同　五万石以上　二人
同　五万石未満　一人

右之通十六歳以上二十歳マテ人材相撰来ル十月迄ニ南校へ可差出候（以下略）

また、在学年数や経費についても次のとおり指示しています。

在学年限は五年と心得べく、学資は藩々の便宜に任すと雖も、一ヶ月金十両より下るべからず、課業書籍代等は其の他に一ヶ年に凡そ五十両の見込みなること（以下略）

つまり、貢進生の学費は藩の負担とし、その最低額や書籍代まで細かく定めていることがわかります。この条件に津和野藩をあてはめてみると、石高が四万三〇〇〇石の津和野藩への割り当て人数は一名で、その一名が小藤文次郎です。ただ、明治三（一八七〇）年の文次郎の年齢は満十四歳（数え十五歳）で、「十六歳以上」の条件からは外れていますが、年齢についての適用は厳格ではなかったようで、文次郎以外にも例外はあったようです。『東京帝国大学五十年史』には、貢進生入寮者三一〇名の名簿が掲載されています。この名簿によって「津和野藩　理小藤文次郎」（氏名の上に「理」とあるのは「理学士」という意味）と記載されていることが確認できる一方、文次郎以外の津和野藩出身者の氏名は見当たりません。先学の著書の中には、山辺丈夫などの文次郎以外の人も貢進生として東京へ留学させたかのような記述が散見されますが、それは、津和野藩独自の藩費留学制度との混同によるものと思われます。

師はナウマン博士

小藤文次郎の大学時代に話を戻します。文次郎が東京大学で学んでいた当時、地質学を教授していたのは斯界の世界的権威、ドイツ人のナウマン博士でした。文次郎は、明治十二(一八七九)年、東京大学地質学科の第一期生として卒業しましたが、このときの地質学科の卒業生は文次郎ただひとり、つまり、この時点で文次郎は、日本人で唯一の世界的レベルの地質学を修めた学徒だったことになり、日本の地質学のパイオニアとしての文次郎の輝かしい足跡は、このときから約束されていたことになります。ちなみに、文次郎の恩師、ハインリッヒ・エドムント・ナウマン(一八五四〜一九二七)は、ドイツの地質学者で、明治政府に招聘されて、明治八(一八七五)年から明治十八(一八八五)年の十年間、東京大学(名称は変遷しているが煩雑なので「東京大学」で統一する)の地質学科初代教授に就任し、日本の近代地質学の基礎を築きました。文次郎の恩師と書きましたが、実はナウマンと文次郎はたった二歳違いです。「ナウマンゾウ」でこの名前を記憶している人は多いのではないでしょうか。フォッサマグナ（大地溝帯）の発見でも有名です。また、ドイツに帰国後に、留学中の森鷗外が論争を挑んだのも、このナウマン博士です。

こうして大学を卒業した文次郎は、内務省に勤務し始めますが、明治十三（一八八〇）年には文部省から地質学修学のため、ドイツ留学を命ぜられ、ライプツィッヒ大学とミュンヘン大学で学びました。留学は三年三か月に及び、明治十七（一八八四）年四月に帰国すると、ただちに東京大学理学部勤務となりました。また、同年十月には、留学中にライプツィッヒ大学に提出していた「日本産数種岩石の研究」という論文が認められて、同大学から博士号を授与されています。明治十九（一八八六）年三月に発令された「帝国大学令」によって帝国大学理科大学が発足すると同時に、その最初の地質学教授に就任しました。

文次郎の博士号

文次郎は、明治二十一（一八八九）年に理学博士の学位を授与されています。なお以前、筆者は投稿記事や著書で「小藤文次郎は日本の理学博士第一号である」旨を記述しました。

それは、先学の著書にしばしばその旨の記載があったのでそれを踏襲したのですが、この「第一号」は次に述べるとおり誤りでした。先学の記述を鵜呑みにして確認を怠ったことは反省しなければなりません。正しくは次のとおりです。日本で最初の「学位」は、明治二十（一八八七）年五月二十一日に発令された「学位令」（勅令第十三号）で定められました。これによって博士の学位として、法学、医学、工学、文学、理学の五種類が定められ、翌二十一年五月に、五部門それぞれ五名に対して博士学位が授与されました。このとき理学博士が授与された五名とは、矢田部亮吉、伊藤圭介、菊池大麓、山川健次郎、長井長義でした。このように、文次郎の理学博士号の授与はこの初回（第一号）ではなく、初回と同年の六月に実施された第二回授与のときだったので、残念ながら「日本の理学博士第一号」を名乗ることはできないのです。

ちなみに、もう少し脱線を許してもらうと、この博士号の授与について調査していたときに、日本最初の医学博士の五名の中に、池田謙斎という名を見つけました。この池田謙斎（一八四一～一九一八）は、東京大学の初代医学部綜理（医学部長にあたる）を務め、日本近代医学の基礎づくりに業績を残しましたが、実は津和野にゆかりのある人物なのです。謙斎は、越後国で入沢健蔵の二男として生まれましたが、緒方洪庵（このときすでに故人）の養子を経て津和野出身の池田多仲《たちゅう》の養子になっています。多仲は、津和野藩の医者ですが、優れた能力を認められて幕府の医官となり、東京大学医学部の前身のひとつである「お玉が池種痘所」の設立に関与するなどの功績がありました。謙斎が池田家の養子に入った詳しいいきさつはよくわかりませんが、日本近代医学史のビッグネームのひとりが、津和野にゆかりのあることには、正直驚かされました。そして、そのことが、津和野の文化史の底に流れる医学の系譜を示唆しているようにも感じますが、それについては、現時点では研究が不十分なため、いつか機会を改めて論述したいと思います。

濃尾大地震で成果

文次郎が三十五歳の秋、明治二十四（一八九一）年十月二十八日午前六時三十八分五十秒、濃尾大地震が、岐阜県を中心に発生しました。推定マグニチュード八・〇、我が国の内陸地震としては最大規模のもので、北は山形県から南は鹿児島県まで揺れを感じたといわれています。文次郎は直ちに震源地に向かい、この地震が発生した、福井県から愛知県に至る総延長一〇〇㎞にも及ぶ根尾谷大断層を追跡調査しました。このとき文次郎が撮影した断層の写真は、断層地震説を主張した論文とともに明治二十六（一八九三）年に発表され、のちに、断層地震の実例として世界の教科書に広く採用されています。

昭和六十二（一九八七）年には、この貴重な写真の複製が、文次郎の養嗣子小藤甫《はじめ》の仲介によって、文次郎の孫弟子にあたる名古屋大学の諏訪兼位《かねのり》教授から津和野町に寄贈されました。諏訪教授は、昭和六十三（一九八八）年に津和野町で行われた、小藤文次郎博士の生誕碑再建に献身的に尽力した人物です。この生誕碑再建の際、筆者は津和野町教育委員会勤務だったので、除幕式の準備を手伝っていましたが、諏訪教授が、石碑に刻む文字の一字一字の形態や大きさ、微妙な字配りに至るまで、細かく指示を出して担当者と打ち合わせていたことなどを記憶しています。この記念碑の除幕式は、昭和六十三（一九八八）年七月十六日に津和野町の生誕地で挙行され、諏訪教授は来賓のひとりとしてテープカットを行っています。また、同式のパンフレットに「小藤文次郎と濃尾大地震」の一文を寄稿し、濃尾大地震の根尾谷断層写真とともに掲載されています。

文次郎の学問的業績

なお、筆者は、平成二十五（二〇一三）年八月二十四日、地震専門家である元山口大学教授永尾隆志（岩石学専攻）による、小藤文次郎の学問実績に関する講義を聴く機会を得ました。永尾隆志によれば、文次郎は濃尾地震の研究によって、世界で初めて「断層地震説」を唱えた学者だとのことです。地震は活断層によって引き起こされるという断層地震説は、現在では素人でも知っている定説となっていますが、当時の文次郎の説は、世界に先んじた知見であったと永尾隆志は述べています。また、同講義で永尾隆志は、科学史研究者の矢島道子による『地学者列伝　小藤文次郎――日本の地質学・岩石学の父』を紹介していますが、これによって文次郎の断層地震説が深化していく様子がよくわかるので、以下に引用します。（原文は横書き。また、原文に記載されている論文記号は省略）なお、矢島道子は、新潟県出身の理学博士で、古生物学、科学史学を専門としており、日本科学史学会委員、日本地理学会理事などを務めています。近著に『化石の記憶――古生物学の歴史をさかのぼる』（東京大学出版会、二〇〇八年）があります。

ジョン・ミルン（John Milne 1850–1913）が、来日したばかりの1880（明治13）年2月22日に起こった横浜地震を契機として、日本地震学会を創設した。日本の地震学はこれから始まったが、地震現象と地質学はなかなか結びつかなかった。小藤はこの問題に積極的にかかわった。まず、1884（明治17）年、『金石学一名鉱物学』で、「地震は火山で起きるのみでない。逆に火山は地震から起きるともいえる」と書いている。次に1889（明治22）年7月28日に熊本地震が起きると、断層地震と火山地震の折衷説を書いた。

1861（明治24）年10月28日濃尾地震が起きると、小藤は早速ジョン・ミルンと現地調査に出かけ、地震断層説を深め、有名な根尾谷、水鳥《みどり》付近の断層の写真（筆者注：この引用では省略）をつけた。この写真は世界に知られた。濃尾地震を契機として、1892（明治25）年に震災予防調査会が設立され、小藤と巨智部《こちべ》忠承《ただつね》が専門委員となり、主に火山調査を指揮した。

1894（明治27）年10月に庄内地震が起きると、小藤は調査の後、1896（明治29）年に「庄内地震に関する地質学上の調査報告書」を震災予防調査会より出版し、断層地震説をさらに深めた。後には1925（大正14）年の但馬地震も報告し、1927（昭和2）年の丹後地震は「双子地震」と報告している。〈『地学者列伝　小藤文次郎――日本の地質学・岩石学の父』、地球科学編集委員会発行学術誌「地球科学」第六十一巻第二号（通号三二九号、二〇〇七年三月）〉

文次郎の学問的業績は、地質学という一般にあまり馴染みのない分野のため、これまではただ「日本地質学の父」という抽象的な表現ばかりで、あまり具体的な内容は伝えられていなかった観がありましたが、この矢島道子の論文には、我々素人もその業績内容の一端を具体的に知ることのできる記述があります。なお、ほかにも、前述の東京大学教授木村敏雄『日本の地質学と小藤文次郎』にも同様に詳しい記述があります。

明治二十五（一八九二）年に、濃尾地震を契機として文部省の震災予防調査会が設立されると、文次郎は専門委員として参画し、非常な熱意で地震研究、特に火山調査の指揮に尽力しました。なお、震災予防調査会は、明治二十五（一八九二）年六月二十七日から大正十四（一九二五）年十一月十四日まで文部省所管として設置された、地震や震災に関する研究機関です。濃尾地震の大被害を目の当たりにして、震災被害を最小限に食い止める方法の研究が必要だと考えた菊池大麓（一八五五〜一九一七。数学者、理学博士第一号のひとり、東京帝大理科大学長、貴族院議員など）の提唱によって設置されました。地震学者だけでなく、地学、地球物理学、建築学などの専門家も参加しています。初代会長は、西周とともに「明六社」同人だった加藤弘之です。大正十二（一九二三）年に起こった関東大震災に際して有効な対策を打ち出せなかったという批判が出たため、大正十四（一九二五）年に設置された地震研究所の発足とともに廃止されています。

明治三十二（一八九九）年、文次郎は東京学士会院の会員に選ばれ、同三十六（一九〇三）年には欧米諸国視察に参加しました。そのほかにも、東京帝国大学評議員、東北帝国大学理科大学創立準備委員、学術研究会議地理学部長など多くの要職を次々にこなし、大正十（一九二一）年、定年によって退官しました。しかし、退官後も学問への情熱は衰えず、東京帝国大学名誉教授としてさらに二年間、精力的に研究を続けています。

国際的に高い評価

文次郎の論文のほとんどが英語で記されていることからもうかがえるとおり、文次郎の業績は常に国際的に高い評価を得ています。前述のライプツィッヒ大学からの学位をはじめ、ロンドン地学協会海外通信員、アメリカ地学会の外国連絡員、フィラデルフィア自然科学アカデミーの連絡員など、多くの国際的な学会の役職に推挙されたことがそれを物語っています。

また文次郎は、大変謹直な人で、教授時代には、研究室と自宅を往復するのみで、専ら研究に明け暮れる生活を送ったといわれ、まさにその生涯を学問一筋に捧げた学者然とした人だったようです。そんな文次郎の人となりを伝えるエピソードのひとつに次のようなものがあります。ある日、恩師ナウマン博士が苦労して東北地方の地質予測図をつくった際、「小藤君、この図はどうだね」と尋ねると、文次郎はただ一言「ベリー、ビューティフル」と答えただけだったので、ナウマン博士は、もっと何か言えそうなものだと不愉快になったといいます。しかし文次郎にしてみれば、この図は予測図に過ぎず、学問的興味をそれほどそそるものではなかったので、「美しい」というくらいしか口に出なかったらしいのです。これをもってしても、文次郎の生真面目な性格の一端がよくうかがえます。

この学問の鬼のような人にも天命のときは訪れ、昭和十（一九三五）年三月八日、東京・二十騎町《にじっきちょう》の自宅で七十九歳の生涯を閉じました。

国産イチゴ第一号の生みの親
福羽逸人

イチゴは大人気の果物

現在、日本のイチゴ消費量は、世界のトップクラスです。そのままデザートとして食べるほか、イチゴのショートケーキや苺大福など、お菓子の材料にも欠かせず、ジュースの材料にも最適です。これほど、四季を通じて人気の高い果物もほかにあまりないように思います。このイチゴの、我が国での栽培史を語るとき、絶対に避けて通れない人物が津和野出身であることはあまり知られていないのではないでしょうか。

その人の名は福羽逸人《ふくばはやと》（一八五六〜一九二一）です。「福羽」という苗字から連想されるとおり、幕末期に津和野藩主の懐刀として活躍し、明治政府でも要職に就いた国学者福羽美静（詳しくは、本書第一章を参照）の養子です。逸人は、農学者、造園家、園芸家として、西欧の高い技術をいち早く我が国に取り入れ、明治期の園芸界を牽引しました。イチゴ以外にも、オリーブ、ナス、キュウリ、花卉類などの栽培法研究や品種改良に大きな功績を残したほか、新宿御苑をはじめとする多くの庭園の設計・整備にもその能力を発揮しました。

新宿御苑の管理者として

逸人が生涯を通じて活躍した主な場は、現在も東京都新宿区にある新宿御苑ですが、現在新宿御苑を管理する財団法人国民公園協会新宿御苑では、平成十八（二〇〇六）年に、「新宿御苑一〇〇周年」と「福羽逸人生誕一五〇周年」を記念して、『福羽逸人回顧録』を編集・出版しています。この回顧録は、平成十五（二〇〇三）年に逸人の孫の福羽永芳宅から発見された手書き（表紙の題字は逸人の自筆と確認できるが本文が自筆かどうかは不明とのこと）の著書をもとに編集されました。復刻編と解説編の二冊組で、二冊合わせて七〇〇ページを超える大著です。

また、平成二十一（二〇〇九）年一月十四日から二十五日まで、「特別企画展福羽逸人」

が新宿御苑内のギャラリーで開催されています。近代日本の農学史、園芸史というやや地味な分野のためか、大きな功績のわりには逸人の知名度は現在あまり高くないようですが、こうして、新宿御苑を中心とした機関や学会関係者によって、逸人の業績が丁寧に顕彰されていることに喜びと誇りを感ずると同時に、翻って、故郷の津和野においては適切な顕彰活動がなされていないことに、同郷の後裔のひとりとして恥じ入る次第です。

中央の農学史学会などから、現在福羽逸人がどのように評価されているかを示す一例として前掲の『福羽逸人回顧録』の一部を引用・紹介します。

（新宿御苑という名の／筆者注）日本初の皇室園地の造成計画を担うという大きな役割を果たしたのが福羽逸人卿です。（中略）花を愛する青年が、江戸から明治という時代の大きな転換期の中で見た日本の未来とはどんなものだったのか。（中略）現代においてもなお、福羽の言葉は生き生きとそして力強く、私たちに生きる意味を問い掛け、そして勇気を与えてくれます。（『福羽逸人回顧録解説編』所収の新宿御苑会長正田泰央執筆「新宿御苑の歴史を受け継いで」より）

幼い頃は勉強嫌いのガキ大将

福羽逸人は、安政三（一八五六）年十一月十六日、津和野藩士佐々布《さそう》利厚の三男として生まれました。同じ年にすでに紹介した、日本地質学の祖小藤文次郎も生まれています。ちなみに、森鷗外は六歳下の文久二（一八六二）年生まれです。逸人は、三歳で父を失い、母や兄に育てられたようです。長じて藩校養老館で勉学に励み……と、こうした評伝物では続くのが常ですが、逸人の場合は少し趣が違います。養老館に入学はしたものの、どうもあまり勉学に励まなかったらしいのです。そのあたりの様子については、逸人本人が『回顧録』に書き残しています。なお、引用に際しては、便宜のため筆者が〈 〉に送り仮名を補いました。

> 幼少の時は甚だ物覚〈え〉悪しく、読書、修字は殊に大嫌〈い〉にして、母に心配を掛けたるは一と通り為らずと聞く。（中略）藩校養老館に通学するも、学事に努めず、遊戯のみ専らにし、朋友と争ひ、時に餓鬼大将とも成りて年長者を苦しめたること常なりしは、今尚記臆に存ず。
>
> （『回顧録』第一編第一章「履歴」より）

筆者はこれまで多くの人物の伝記的文献を読んで来ましたが、本人が「物覚えが悪くて、勉強が嫌いで、遊んでばかりで、喧嘩っぱやく、餓鬼大将だった」と、これほどはっきりと自らの「やんちゃ」ぶりを書き残しているのは初めてみたような気がします。

しかし、この悪餓鬼がのちに宮内省（現在の宮内庁）に入って、農学博士となり、日本園芸界をリードする人物になるのですから痛快です。そんなわけで、おとなしく学校に通うというよりも、養老館に入ってはみたものの、十四歳頃から兄に伴って上京したり、また帰郷したりなどしていたようですが、ついに明治五（一八七二）年、十六歳のときに、福羽美静の養子になると同時に正式に上京し、ドイツ語などを培達塾で学び始めています。培達塾は、旧津和野藩主亀井茲監が東京に設立した私塾で、多くの津和野出身者がここで学びました。今度は、勉学に励むようになったらしく、その後、工学省工学寮（東京大学工学部の前身）や、「学農社」という私学に次々に入学して農学、化学、栽培技術実習などを熱心に学びました。

なお、この学農社は、明治九（一八七六）年に、旧幕臣であった洋学者の津田仙（一八三七〜一九〇八）という人物が結成した農業結社の名称です。逸人が入った学校は、正確には「学農社農学校」といい、同年に津田が開校した日本最初の私立農学校です。また、農業結社学農社が同年に創刊した雑誌「農業雑誌」は、日本で最も早い時期に創刊された農業雑誌のひとつで、大正九（一九二〇）年の廃刊までに一二〇〇号以上を刊行し、当時の農業界に大きな影響力を発揮しました。津田仙は、キリスト者であり、同志社大学の創始者として著名な新島襄《じょう》、東京帝国大学教授の中村正直とともに「キリスト教界の三傑」とうたわれた人物です。また、福沢諭吉や西周《あまね》らが結成した「明六社」のメンバーであったり、青山学院大学の創立に関わったり、日本で最初に通信販売を行った人物であるとか、津田塾大学を創始した津田梅子の父である、などなど、様々な活動を通じてエピソードの多いユニークな人物です。

多くの海外出張、パリ万博にも

逸人は、明治十（一八七七）年には、勧農局農業試験場の農業生となり、さらに園芸技能や加工品製造技術を学びました。この勧農局農業試験場は、明治政府が明治五（一八七二）年に「内藤新宿試験場」として設立した農業試験場で、同十（一八七七）年に勧農局農業試験場と改称されました。この施設はのちにさらに機能分離され、一部は東京大学農学部の、一部は新宿御苑の前身となりました。明治十九（一八八六）年、三十歳のときに、欧米園芸の実地研究のため、初めて欧米（イタリア、フランス、アメリカ）へ遊学していました。明治二十二（一八八九）年にも、パリ万国博覧会の視察のために欧米を訪問しました。その後、農商務省技官、東京農林学校教師、宮内省式部官などいくつもの省庁などにまたがって在籍して活躍しました。

前述したように、勧農局農業試験場は、明治十二（一八七九）年に一部が宮内省に移管され、「新宿植物御苑」として新たなスタートを切りましたが、逸人は明治三十一（一八九八）年に、新宿植物御苑掛長（責任者）となっています。同年、フィリピンのルソン島へ、翌年にはロシア、フランスへ出張していますが、これらは、明治三十三（一九〇〇）年のパリ万国博覧会へ園芸物を出展するための調査出張でした。

日本初、イチゴ品種改良に成功

冒頭に紹介したイチゴの品種改良に成功したのもこの頃で、逸人は、明治三十二（一八九九）年、日本で育成された最初のイチゴ品種を世に送り出しました。この品種改良には十余年の歳月をかけたといわれており、逸人は、自らの名前を冠して「福羽イチゴ」と命名して皇室に献上しました。ほかにも「御苑イチゴ」「御料イチゴ」とも呼ばれたようです。昭和初年頃（一九二八〜三〇年頃）から一般市場向けの栽培が本格的に始まると、当時主流だったアメリカ種に代わって福羽イチゴが主流を占めるようになり、現在につながる多くのイチゴ品種の基礎となり、特に静岡地方で盛んに栽培されました。

しかし、現在は福羽イチゴはほとんど栽培されていません。これは、イチゴの特性として品種の寿命が短いという事情が関係しているようで、決して福羽イチゴが品種として劣っているということではないと思われます。つまり、イチゴは、同じ品種を作り続けると、たとえ株自体を毎年更新していても、必ず品種の劣化が現れるので、常に品種を改良し続ける必要があるからだそうです。現在栽培されている多くの新品種には、福羽イチゴの系統が多く、そのことが、現在のイチゴの大量消費につながり、福羽イチゴの優秀さを物語っています。

インターネットで調べてみると、静岡県のあるイチゴ農家が福羽イチゴを栽培している例をみつけました。そのホームページには、福羽イチゴを食べた感想や写真まで載っています。それによると、形は普段見慣れているイチゴよりもかなり細長く、果肉がとても柔らかいそうです。果汁も多く、甘さも酸味も適度なので、全体として「ジューシーで甘酸っぱい」印象だということで、「古い品種というイメージはまったくない」と紹介されています（このインターネット調査に関するくだりは、筆者が平成二十六年四月頃検索した結果を記述しているが、平成三〇年一月頃再検索したところ、このホームページをみつけることはできなかった）。是非とも、本物の福羽イチゴを味わってみたいものです。福羽イチゴの生みの親、福羽逸人の故郷である津和野で福羽イチゴを栽培していただける農家はないものでしょうか。

新宿御苑ほか、多くの都市公園も手がける

逸人が属していた新宿植物御苑は、明治三十五（一九〇二）年から四年の歳月をかけて和洋の様式が混在した庭園に大改造され、明治三十九（一九〇六）年、新宿御苑として開苑式を迎えました。式は明治天皇ご臨席のもと、日露戦争戦勝祝賀を兼ねたものでした。この大改造に逸人が深くかかわったことは容易に想像できます。特に、逸人がこの造園を見越して、十数年前から内外の多種多様な樹木草花の育成にあたり、十八万坪もの面積をもつ庭園をわずかな経費で、豪華にして優美な大庭園に変身させたことは、大きな功績として語り継がれています。

その他にも、日比谷公園、東京市（当時は東京都でなく東京市）の街路樹や並木改良、武庫離宮などの建設や設計をはじめ、全国各地の多くの造園事業に携わり、その力をいかんなく発揮しました。武庫離宮は、現在は須磨離宮公園といい、神戸市須磨区の丘陵にある約八十二ヘクタールの都市公園です。明治四十一（一九〇八）年に着工し、大正三（一九一四）年に完成しています。

玄人はだしの料理人

さて、逸人の人となりについてですが、彼は、園芸研究一筋に生涯のすべてを捧げた、いわば職人気質の頑固さをもち、後進の指導にあたってもかなり厳しく、妥協を許さなかったようです。それだけに、仕事一筋で趣味もなかったかのように思われがちですが、加藤貴（一九五二年東京生まれ、早稲田大学教育学部講師、専門は日本近世都市史、『福羽逸人回顧録』の編集に参画し解題を執筆）が、前掲の『福羽逸人回顧録』に寄せた「福羽逸人の『回顧録』について」と題した文章の中で、次のように記しています。

逸人は、（中略）料理が得意で、これを趣味としていたようである。料理法の研究も、園芸と結びついているので、まったくの趣味とはいえないかもしれないが、『回顧録』からは、結構楽しんで料理をしていた様子がうかがわれる。／そもそも、逸人が料理を趣味としたのは、兄の利雄や母の教化によって日常的に自ら料理を行っていたことによる。自分も幼少の時から兄の助手を務めてきたため、魚鳥類の調理ができるのである。（中略）食物と園芸は密接な関係をもっており、そのため自ら料理法を研究するのだとする。それにしても、逸人の料理の腕前は、園芸のために副次的に研究したというものではなかったようである。

逸人は「結構楽しんで料理をしていた」のだから趣味だったと言えるかもしれませんが、その腕前は相当なものだったようです。加藤貴はさらに続けて、逸人の料理がほとんどプロ並みだったことを示すエピソードを紹介しています。

明治二二年（一八八九）に、パリ万国博覧会へ出張した際には、欧州視察のため滞仏中の内務大臣山県有朋を事務局に招き、逸人が調理した日本料理で饗応している。献立は汁・刺身・口取・茶碗蒸・蒲焼・切餡・浸物・酢の物・清し汁・香の物・飯・番茶であった。山県は、すべて巧妙の加減は、誠に感服するしかない。パリでこのような日本食を口にするとは思いもよらなかった。中でも鯉の活き作りの手際がよい。特に驚いたのは、鯖の抱餡で、自分の郷里から京坂地方ではよくみかけるが、東京の料理店では作らないし、作ることも知らないとほめたたえた。また、陪宴者も同様に敬服して、あらゆる讃辞をおしまなかった。

日本食の材料が自由に手に入りにくい異国でこれだけの料理を作れるということは、もはやプロの腕前といっていいのではないでしょうか。それも相手は口の肥えた日本政府の要人一行です。逸人はこのときだけでなく、幾度となくパリで政府要人や皇族に日本料理をふるまっていたようですし、西洋の材料を使った日本料理の研究やフランスの家庭料理の研究なども熱心に行っていたとのことです。また、逸人が常々「パリで豆腐や蒲鉾を作ったのは自分が最初だ」と自慢していた、という微笑ましいエピソードも加藤貴は紹介しています。

逸人は、退職まで宮内省に籍を置き、御苑だけでなく、全国の公園や農業試験場の運営に生涯を捧げ、まさに近代日本の農学・園芸・造園の父としてその礎を確立しました。大正六（一九一七）年、六十一歳のときに宮内省を退官すると同時に宮中顧問官に任命され、大正八（一九一九）年には、農学博士号が授与されました。また、明治四十（一九〇七）年には、養父美静の爵位である「子爵」を継ぐことを許されています。

大正十（一九二一）五月十九日永眠。六十四歳でした。

北海道に生涯を捧げた
高岡兄弟

兄・初代札幌市長高岡直吉《ただよし》（一八六〇〜一九四二）

高岡兄弟の兄・直吉は初代札幌市長として、また、弟・熊雄は第三代北海道帝国大学総長として、兄は行政の立場から、弟は学問の方面から、明治・大正期の北海道開発の基礎固めに大きな足跡を残しました。札幌では現在でも、北海道開拓史や札幌市史を語るうえでは、欠かせない人物として厚い敬慕の念が寄せられています。

それを示すように、現在でも、札幌観光のシンボル「時計台」の一階にある郷土史展示室には、兄・高岡直吉の顕彰コーナーが設けられています。札幌時計台の正式名称は「旧札幌農学校演武場」です。明治十一（一八七八）年、その名称どおり農学校生の武芸練習場及び屋内体育館として建設され、その後昭和四十五（一九七〇）年に国重要文化財に指定されました。その時計台の展示には、「高岡直吉／農学校三期卒／宮崎県知事、門司市長などを歴任後、初代札幌市長として、市電経営の実現、下水道の整備、教育の拡充など、多くの業績を残す」と紹介されています。なお、「島根県出身」との表記はありましたが、「津和野町」の文字が記されていないのが少し残念でした。しかし、津和野から遠く離れた札幌の地で、現在もこうして市民の方に親しまれている事実は、同郷の末裔のひとりとして大変嬉しく誇りに思います。筆者は、平成二十五（二〇一三）年五月に札幌市を訪れる機会があり、ここに記したことを確認することができました。なお、弟の熊雄については、北海道大学の博物館に紹介があると聞いていたので、時計台に続いて同大を訪問しましたが、残念ながら博物館の閉館日だったため、確認できませんでした。

兄の直吉は、津和野藩士高岡道敬の長男として万延元（一八六〇）年一月二十二日、現在の津和野町後田山根丁で生まれました。初め養老館で学び、のちに西洋の文化や学術を習得するためには英語が不可欠と考え、明治八（一八七五）年、十五歳で上京して小石川の英学同人社に入学しました。のちに官立東京英語学校へ移っています。

明治十一（一八七八）年九月、応募して官費生として札幌農学校に入学しました。これが高岡兄弟と北海道の深いかかわりの端緒となりました。津和野出身の直吉が、なぜ、親戚も縁もなく、遠い北海道を志したのかについてははっきりわかっていませんが、次のようなことを憶測することができます。実家があまり裕福でないことに加えてこのときすでに廃藩によって藩からの学資援助も見込めない状況にあっても直吉は、学問続行には強い意欲を示していました。そんなときに、たまたま、札幌農学校第三期官費生の募集があったこと、また同農学校にはアメリカ人教師が多く直吉の得意とする英語が生かせそうだと感じたらしいこと、などが想像できるところです。札幌農学校は、明治九（一八七六）年に開校し、札幌市や北海道の開拓史に重要な役割を果たした学校で、北海道大学の前身です。「ボーイズ・ビー・アンビシャス」で有名なクラーク博士や、札幌のシンボル時計台などで有名です。

直吉は、札幌農学校を卒業すると、山口農学校校長や山口県庁勤務を経て、明治二十（一八八七）年には北海道庁に勤務することになり、再び第二の故郷北海道の地を踏みました。この道庁時代に、拓殖、殖民の分野でその手腕を発揮しています。また、明治四十二（一九〇九）年からの十年間は各県の知事として活躍した時代で、宮崎、島根、鹿児島の各県知事を歴任しています。さらに大正七（一九一八）年には門司市長に就任しました。大正十二（一九二三）年には、市制を施行したばかりの札幌市の初代市長に就任し、新開地北海道の首都的機能をもつ同市の発展に尽力することになりました。なお、この頃の県知事や主要都市の首長は、国の官僚が着任する制度でした。現在のように地方自治が確立して、公選によって選出されるようになるのは第二次大戦後です。

昭和二（一九二七）年、六十七歳のときに健康上の理由によって引退しましたが、その官公吏生活は四十五年もの長期間にわたり、しかも赴任先の至るところに大きな事績を残しています。昭和十七（一九四二）年九月一日、東京渋谷の自宅で八十二年の生涯を閉じました。

弟・第三代北海道大学総長高岡熊雄（一八七一～一九六一）

弟の高岡熊雄は、明治四（一八七一）年八月十五日に津和野で生まれました。津和野小学校高等科を卒業後、兄が山口に勤務していたことから山口中学校に入学しています。ここでの学友に、のちに著名な小説家となる国木田独歩《くにきだどっぽ》がいました。二人は後年まで親交を温めたと伝えられています。国木田独歩（一八七一〜一九〇八）は、明治期に活躍した自然主義派の小説家です。千葉県銚子の生まれですが、山口で育ち、山口中学に入学したので、ここで熊雄と出会いました。山口中学から東京専門学校（現早稲田大学）英語科に入りましたが退学し、「国民新聞」の記者として活躍したのち作家に転じました。代表作は『武蔵野』（一九〇一）です。

熊雄も、明治二十（一八八七）年、札幌農学校予科へ進みましたが、これは同年北海道へ転勤した兄の影響によると思われます。なお、熊雄が予科四年生のとき、国際感覚に優れた新渡戸稲造（一八六二〜一九三三）が欧米留学から帰国して同校に赴任しています。新渡戸稲造は、国際連盟事務次長も務めた国際派の農学者で、アメリカ留学ののち母校の札幌農学校に戻って教鞭をとりました。英語による日本文化論の名著『武士道』が有名です。熊雄はこの新渡戸から強い影響を受け、のちも長く指導を仰いでいます。明治二十四（一八九一）年、本科農学部に入学し、同二十八（一八九五）年に卒業しましたが、このときの卒業者は熊雄を含めてわずか二人で、予科入学者が三十人であったことを考えると、その学業の厳しさがうかがえます。卒業後は母校の校費研究生となり、さらに同校の農業伝習所講師として農業経済学の講義を担当しました。

明治三十三（一九〇〇）年、二十九歳のときに、農政学と農業経済学研究のため三年間のドイツ留学を命ぜられ、ドイツに渡ってさらに学問を深めました。三年間の公費留学期間を経過したのちも、半年間の私費留学を続けることにしてアメリカへ渡り、明治三十七（一九〇四）年十二月に帰国しました。帰国後は母校の教授として農政学と殖民学を講義しています。

明治四十（一九〇七）年に、札幌農学校が東北帝国大学農科大学と改称してからは、同大学の図書館長、農学部長、さらに学外においても札幌商工会議所の特別委員、農政諸問題の各種委員のほか、さまざまな統計調査委員など、多くの顧問的役職を歴任したため、多忙を極める教授生活を過ごしました。なお、ここで参考に、この時期の札幌農学校の沿革を簡単に紹介しておきます。札幌農学校は、明治四十（一九〇七）年六月に仙台市に東北帝国大学が設置されると、同年九月に分科大学として統合され東北帝国大学農科大学となりました。さらに、この東北帝国大学農科大学は、大正七（一九一八）年に設置された北海道帝国大学に移管され、その翌年、北海道帝国大学農学部となっています。

熊雄の多年の功績が認められ、昭和八（一九三三）年に、第三代北海道帝国大学総長に就任しました。総長在任中は、大学研究機関の充実等に尽力しています。

熊雄は、昭和十三（一九三八）年の退官後も、名誉教授として農学部研究室で研究を続けるなど第一線で活躍しましたが、昭和三十六（一九六一）年十二月二十九日、兄とともにその開発に情熱と英知を注いだ北海道の地で九十年の生涯を閉じました。

島村抱月とともに演劇一筋の劇作家

中村吉蔵

行商から逃げて読書に没頭

中村吉蔵（一八七七〜一九四一）は、明治十（一八七七）年五月十五日、津和野町後田今市で、魚屋を営む中村唯治の長男として生まれました。幼名は常治、のちに祖父の名である吉蔵を名乗りました。号は春雨です。

殿町《とのまち》小学校在学中から成績が抜群だったので、父は学問で身を立てさせようと苦労して学資を工面し、山口中学校へ進ませています。吉蔵は、さらに山口高等学校進学を志して勉学に励んでいましたが、この頃、祖父と父が相次いで亡くなったため、学業をあきらめざるを得ず、家業の魚の行商を手伝うことになりました。しかし、吉蔵は、読書好きで内向的な性格だったので、街頭で大きな売り声を出さなければならない行商が大の苦手で、行商に出てはすぐに嫌になって家に帰り、本にかじりつく毎日だったといいます。また、母の実家の城市家《じょういち》は、当時、森鷗外旧宅付近で雑貨商を営んでいましたが、当主の徳兵衛(吉蔵の母方の祖父)は、この頃の一般町人には珍しく文学趣味をもつ知識人だったので、自宅に多くの蔵書をもっていました。そこで吉蔵は、行商でこの辺りに来たときには必ず寄って読書にふけったようです。この祖父の蔵書による読書が、将来文学者として身を立ててゆく吉蔵に少なからぬ影響を与えたと、吉蔵自身がのちに回想しています。

懸賞小説の一位に

その後、法律家を志した時期もありましたが、これは病気のために断念しました。療養生活の間に、文学への情熱がますます高まり、ついに明治二十八(一八九五)年、大阪へ出て「関西青年文学会」を同志とともに結成し、文学活動を開始しました。まず、雑誌「よしあし草」を発刊して、そこに多くの小説を発表しています。さらに、明治三十二(一八九九)年には、小説家・広津柳浪を頼って上京し、柳浪の子の家庭教師をしながら東京専門学校（早稲田大学の前身）で学びました。広津柳浪（一八六一〜一九二八）は、久留米出身の小説家です。尾崎紅葉の硯友社同人で、下層社会の実態を描く独特の作風の小説を書き、その作風は「深刻小説」「悲惨小説」などと呼ばれました。代表作には『変目伝』『黒蜥蜴』などがあります。吉蔵が家庭教師をした柳浪の息子の和郎ものちに著名な小説家となりました。

また、この頃、坪内逍遥や島村抱月らに指導を受け、大いに感化されています。坪内逍遥（一八五九〜一九五三）は、明治初期の小説家・評論家・劇作家です。評論『小説神髄』で近代小説理論を説いて注目を集め、その実作として『当世書生気質』も発表しています。日本演劇の近代化にも貢献し、シェークスピアや近松門左衛門を研究しました。明治二十四（一八九一）年頃、森鷗外と「没理想論争」を展開したことでも有名です。また、吉蔵に特に大きな影響を与えたのが島村抱月（一八七一〜一九一八）です。抱月は、島根県浜田市（旧金城町）出身の劇作家、演出家、文芸評論家です。近代日本の新劇運動をリードした人物で、早稲田大学教授も務めました。逍遥とともに文芸協会を設立し、のちに人気女優松井須磨子を擁して芸術座を結成することとなります。松井須磨子（一八八六〜一九一九）は、長野県出身の新劇女優で、逍遥の文芸協会を経て、抱月とともに芸術座を旗揚げしました。トルストイ原作、抱月訳『復活』のカチューシャ役で一世を風靡して人気女優となりました。須磨子が歌った主題歌『カチューシャの唄』は空前の大ヒットとなり、須磨子は日本初の歌う女優ともいわれます。

苦学を続けていた吉蔵にもようやくチャンスが訪れます。明治三十四（一九〇一）年、大阪毎日新聞の懸賞小説に応募した長編小説『無花果《いちじく》』が一位当選を果たし、明治三十九（一九〇六）年五月、金尾文淵堂から出版されたのです。二八五ページもの長編作品でした。なお、この『無花果』は「中村春雨」名義で出版されましたが、奥付には「著者中村吉蔵」と印刷されています。これを機会として、吉蔵の名は一躍文壇の話題をさらうとともに、新進の作家として本格的な著述活動に入っていくこととなりました。また、処女戯曲『司法大臣』を雑誌「新小説」に発表したのもこの頃です。

アメリカへ遊学を決意

なお向学心やまない吉蔵は、欧米への遊学を決意し、明治三十九（一九〇六）年、アメリカに向けて出発します。アメリカでは、欧米文学と西洋演劇史の研究、近代劇の観劇、イプセン全集の読破などに没頭しています。特に、イプセンの代表作『人形の家』との出会いが吉蔵に大きな驚異と感動を与え、近代劇の研究と創作に傾倒していくきっかけとなりました。さらにヨーロッパにも足を延ばして研究の幅を広げたのち、明治四十二（一九〇九）年に帰国しています。

なお、吉蔵が演劇を志すきっかけとなった『人形の家』は、ノルウェーの劇作家ヘンリック・イプセン（一八二八〜一九〇六）が一八七九年に書いた戯曲で、同年デンマーク王立劇場で初演されています。弁護士の妻ノラが夫から自立して家を出ていくストーリーを通じて、新たな時代の女性像を示した全三幕の物語です。女性の近代的自立をテーマにしていることから、フェミニズム運動の萌芽に関連づけて語られることも多いようです。イプセンの社会劇の始まりとされるとともに、イプセンの名を一躍世界に知らしめた代表作でもあります。イプセンは、近代演劇の創始者とされ、シェイクスピア以後、世界で最も盛んに上演されている劇作家のひとりです。

帰国後は、早稲田大学でイプセンを講義する傍ら、劇作家としても活動を始めます。吉蔵が最初に実際の演劇に携わったのは、文芸協会を設立した島村抱月の依頼によって共同演出した、明治四十四（一九一一）年、帝国劇場の『人形の家』でした。これ以後、吉蔵と抱月は、抱月が病で急死するまで一緒に日本近代劇の改革をけん引していくことになります。

大正二（一九一三）年、抱月が松井須磨子を擁して芸術座を興すと、吉蔵も抱月の求めに応じて舞台監督として協力することを決心しています。

翌大正三（一九一四）年、吉蔵は、日本演劇史上不朽の名作といわれた社会劇『剃刀《かみそり》』を発表しました。この作品は芸術座で上演され、好評を得ています。大正六（一九一七）年に健康を害して大学を辞してからは、さらに劇作に専念し、社会劇『帽子ピン』『責任者』、喜劇『職業紹介所』などの話題作を次々に発表しました。

社会劇から史劇へ

芸術座が人気絶頂だった大正七（一九一八）年、抱月は大流行していたスペイン風邪であっけなく亡くなってしまいました。指導者の抱月を失った芸術座は、その後も松井須磨子や吉蔵によってしばらくは公演を続けましたが、やがて須磨子も亡くなり、看板女優まで失った劇団は解散に追い込まれました。なお、抱月と須磨子は恋愛関係にあり、抱月のあとを追っての自殺だったため、この事件は、当時、大スキャンダルとして世間を賑わしました。

演劇の盟友と人気女優、さらには劇団まで短期間のうちに失った吉蔵は、大きな衝撃を受けましたが、劇作への意欲は衰えることなく、このころから史劇の創作に取り組むようになります。大正九（一九二〇）年には『井伊大老の死』を発表し、市川左団次によって歌舞伎座で上演されました。続いて、『大塩平八郎』や『白隠和尚』などを次々発表し、それぞれ沢田正二郎、松本幸四郎らの名優によって上演されています。また、大正十一（一九二二）年頃からは海外での評価も高まり、『剃刀』『井伊大老の死』は海外で英訳出版されています。

母のために最晩年に博士号を取得

それまで博士号という形式的なものには興味を示さなかった吉蔵ですが、母タミの「おまえの博士になるのが見たい」という言葉に動かされ、昭和十五（一九四〇）年、『日本戯曲技巧論』という論文を著し、それによって翌年、文学博士号を得ています。最晩年になって母親孝行のために博士論文を書いたというこのエピソードは、吉蔵の人柄を偲ばせるに十分なものではないでしょうか。

こうして演劇一筋に力を注いだ吉蔵ですが、博士号取得から間もない昭和十六（一九四一）年十二月二十四日、六十四歳の生涯を閉じました。

なお、博士論文『日本戯曲技巧論』は、日本の伝統的演劇のうち、特に浄瑠璃と歌舞伎の技巧や戯曲構成について、様々な角度から詳細な分析、論考を加えた八四〇ページにも及ぶ大著で、浜田市在住の抱月研究家・岩町功によれば、本書は、現在でも日本演劇史を専攻する学徒にとっては必読書のひとつだということです。岩町功は、島村抱月研究の第一人者で、平成二十一（二〇〇九）年に、その研究の集大成として精緻を究めた大著『評伝島村抱月』（全二巻）を著しています。郷土史にも造詣が深く、石見郷土研究懇話会会長（平成三十年三月現在）も務めています。

天野雉彦

「趣味講演」を創始した異色の童話家

松永善五郎著『天野雉彦小伝』

天野《あまの》雉彦《きじひこ》（一八七九〜一九四五）は、明治末期から昭和初期にかけて、童話劇の元祖的存在として児童演劇界及び児童文学界に大きな足跡を残した異色の童話家です。そもそも「童話家」などという言葉自体が異色と言えるかもしれませんが、雉彦の活動や業績を簡潔に表現する適切な言葉を、筆者はほかに思い付かないので、本書では、とりあえず「童話家」と表現することとします。

天野雅彦の生涯をたどろうとするとき、まとまった形として最も参考となる書籍に、『天野雅彦小伝』があります。これは、津和野町で教育長を務めた松永善五郎の編著によるもので、昭和四十四（一九六九）年、「天野雅彦童話碑建設委員会」から発行されました。なお、松永善五郎は、明治三十七（一九〇四）年、鹿足郡柿木村に生まれ、島根県内の小中学校で教師を務めたのち、昭和三十五（一九六〇）年から六年間、津和野町で教育長を務めた人物です。島根師範学校在学中に「お話し研究会」の会員として雅彦の指導を受けたことがあります。『天野雅彦小伝』には、松永による雅彦の略伝のほか、雅彦の甥・徳川夢声の序文「叔父、雅彦」や、多くのゆかりの人々による回想・追悼記、詳細な年譜、雅彦の作品の一部などが所収されています。松永が執筆した「あとがき」には、次のとおり、出版の経緯が記されています（引用に際して、筆者が一部原書の誤字等を訂正した）。

この伝記は島根童話連盟が、島根の生んだ童話家　天野雅彦の業績を顕彰するために、童話碑の建立とともに、『雅彦童話集』を再発行する計画がありまして、その童話集の中に収めるために書いたものであります。／ところが童話連盟の都合によって、童話集の再発行が中止されましたので、それに代えて伝記のみを出版することになりまし

た。(以下略)

次に、同じ『天野雉彦小伝』から雉彦の容貌や人となりをよく伝えている部分を引きます。

クルクルとまるい大きな眼、人並みはずれたろ馬のように大きな耳、チョビひげを鼻下にたくわえた雉彦の容姿は、壇上に立っただけで聴衆をひきつける力があった。これは父からの遺伝であったであろうが、口演者としては天与の容貌であったということができよう。いつも朗らかで、ものごとにこだわらず、座興に長じ、飲めば歌い、酔えば踊って、はでにさわぐところは、母からうけたところが多いようだ。ことに他人の悪口をいったり、けなしたりすることは、幼時から母にかたくとめられ、しつけられていたことで雉彦は、終生これを守っていたようである。

単に雉彦の容貌や資質を記すにとどまらず、それらが母から受け継いだものであると指摘している点も興味を引きます。

甥は徳川夢声

天野雉彦は、明治十二(一八七九)年十月十五日、現在の津和野町鷲原で天野吉足《よしたる》の二男として生まれました。本名は隆亮、号は、初め踏水、のちに雅彦と改めています。

なお、ここで、雅彦の甥（姉の子）である徳川夢声について触れておきたいと思います。夢声は、無声映画の弁士から出発して、のちに「元祖マルチタレント」と称された特異な才能の持ち主でしたが、その才能の多くの点が、血縁関係のある雅彦と共通するところがあると思うからです。

徳川夢声（一八九四〜一九七一）は、本名を福原駿雄といい、明治二十七（一八九四）年四月十三日、美濃郡益田町（現益田市）に生まれました。家族と共に一歳で津和野に転居し、三歳で上京しています。第一高等学校の受験に失敗したため進学をあきらめ、活動写真（無声映画）の弁士になると、その才能を開花させ、一時代を築いたといわれたほどの成功をおさめました。トーキー映画（無声映画にかわって登場した映像と音声が同期した映画）が出現したため、弁士の廃業を余儀なくされましたが、当時の新しいメディアであるラジオに進出すると、こちらでも成功を収めました。特に、NHKラジオの朗読劇「宮本武蔵」（吉川英治原作）では、一世を風靡しました。のちには、テレビや映画でも才能を発揮し、その活躍ぶりは、漫談、俳優（映画、新劇）、小説家、随筆家、など多方面にわたり、まさに元祖マルチタレントの名にふさわしいものでした。文章も巧みで、言語感覚にも優れていたため著書も多く、「彼氏」や「恐妻家」という言葉を造語して流行らせたこともあります。なお、「彼氏」は、現在の若者が「ボーイフレンド」や「男性の恋人」という意味で使用するのと同じ意味ですが、最近の若い人たちは、「カレシ」の「レシ」の部分を上げて発音するようで、この点は夢声の造語した「カレシ」(「カ」を強く発音する)とは異なるようです。また、「恐妻家」は、すでに「死語」に近いかもしれません。

晩年の夢声は、故郷の益田市や津和野町との交流に積極的で、盛んに講演や講談会を催していました。津和野大橋近くの小公園には、夢声作の「山茶花の雨となりたる別れかな」の句碑が建立されています。また、日原産の鮎の美味を絶賛した「これはこれ日本一の鮎どころ」という句も残しています。ただし、この鮎の句には句碑はつくられていません。

島根師範ののち上京、デビュー

雉彦に戻ります。雉彦は、明治二十六(一八九三)年、津和野尋常高等小学校を卒業すると、直地《ただち》小学校笹山分教場で代用教員として教壇に立ちますが、かねてから入学を希望していた島根県尋常師範学校が補欠生を募集していることを知ると、その機を逃さずに応募して、見事入学しました。この島根師範在学中にも、のちに童話家として大成する資質の片鱗を示す逸話が、次のとおり前掲の『天野雉彦小伝』に書かれています。

在学中の隆亮は、耳の大きいこと、声の大きいこと、大食漢であること、紋付に仙台平のはかまで町中を闊歩することなどで、たちまち全校の愛嬌者になった。その上にお話、詩吟、剣舞、芝居などが得意で、下級生の同志を募って、寄宿舎の寝台をならべて舞台を急造し、練習会を毎週ひらいたりしたが、いつも観衆は満員で「剣舞の天野」「雄弁の天野」「役者の天野」と、有名になり、なかなかの人気者であった。

師範学校卒業後は、小学校教員として県内の小学校に勤務していましたが、明治三十八（一九〇五）年、坪内逍遥の誘いによって、文芸協会に参加するため意を決して教員を退職して上京しました。舞台デビューは、翌三十九年に歌舞伎座で行われた文芸協会第一回公演の逍遥原作『桐一葉』です。このときは「天野蕗水」名で「片桐主膳正」役を演じています。また、この頃すでに巌谷小波、久留島武彦らがお伽芝居を公演していましたが、明治四十（一九〇七）年に久留島らの「お伽倶楽部」に参加しました。なお、巌谷小波（一八七〇～一九三三）は、東京出身の児童文学者で、自身が編集していた少年雑誌への執筆や「日本昔噺」「日本お伽噺」などのシリーズを刊行しています。近代児童文学の生みの親といわれ、作品は『小波お伽全集』（全十二巻）にまとめられています。一方、久留島武彦（一八七四～一九六〇）は、大分県出身で、童謡『夕やけ小やけ』の作詞や、デンマークの童話作家アンデルセンの復権運動などで有名で、「日本のアンデルセン」と呼ばれました。

同年（明治四十年）、神田青年会館でお伽倶楽部第一回公演として『七匹の小山羊』が上演された際、雛彦は狼役で出演し好評を博しています。また、このとき初めて「天野雛彦」の名で出演し、以後は「雛彦」を名乗ることとしました。明治四十四（一九一一）年からは有楽座でおとぎ劇が番組に組まれ、これにも出演して人気を呼びました。こうした雛彦らの活動は、逍遥の児童劇運動や学校演劇振興の原動力となっていきました。

独自の境地を開拓

雛彦の活動は童話や児童劇にとどまらず、童話をもとにした新しい通俗教育講演の道を創始し、これを「趣味講演」と名付け、独自の境地を開拓していきました。現在と違って録音や映像が一切残っていないため、この趣味講演の雰囲気は、現在にはなかなか伝わりにくいと思いますが、雛彦の独特の話術や演技力を駆使したものだったようで、全国各地から公演の依頼が多く寄せられ人気を博したことがわかっています。故郷の津和野へも何度か訪れ、講演会を開いたり、児童に対しておとぎ芝居の指導なども積極的に行いました。

また、昭和二（一九二七）年には、雛彦の後援者によって「雛の会」が結成され、毎月「趣味講演と漫談の会」が開催されるようになると、甥の徳川夢声や大辻司郎など当時一流の人たちの出演も得て大変な盛会だったようです。

こうして活躍してきた雑彦ですが、昭和二十（一九四五）年五月二十五日夜の空襲の際、避難指導中に心臓まひを発病し、六十五歳の生涯を閉じました（息を引き取ったのは、翌二十六日午前一時頃）。

雑彦の死から二十年以上経った昭和四十二（一九六七）年、この異色の天才童話家の功績を讃えるために、地元有志（この有志というのが冒頭で触れた『天野雑彦小伝』を刊行した天野雑彦童話碑建設委員会）の手によって、津和野小学校校庭に天野雑彦童話碑が建立されました。この童話碑の揮毫は、雑彦の甥の徳川夢声です。津和野小学校校舎の移築などによって、同碑は現在、最初に建設された位置とは違う場所に移されています。蛇足ですが、昭和三十一年生まれの筆者は、この年、津和野小学校の五年生に在籍していたので、この童話碑の序幕式に参列した（させられた？）ことを記憶しています。今思うと、アマノなんとかという、よく知らないが、昔の多分偉い人の記念碑が出来たお祝いの式だということで外に並ばされて、たくさんのおじさん達が次から次へと挨拶をするのを聞いたなあ、という程度の（実に罰当たりな、しかし子供としてはごく自然な）理解だったように思います。そんな人間が今、「郷土史家」などと称して、こうした文章を書いています。天野雑彦先生、ごめんなさい。

校正の神様として文人に愛された奇人

神代種亮

荷風と交遊　信頼も厚く

明治末期から戦後にかけて長く活躍した小説家、永井荷風の代表作『濹東綺譚《ぼくとうきたん》』を読んでいて驚いたことがあります。この作品には、「作後贅言《さくごぜいげん》」と名付けられた、あとがきにあたる文章が添えてあるのですが、その中に「神代帚葉翁《こうじろそうようおう》」という名前を見つけたからです。その部分を引用します。

小説の命題などについても、(中略) 去年の春神代帚葉翁の訃を聞いてから、爾来全く意見を問ふべき人がなく、(中略) 濹東綺譚はもし帚葉翁が世にあるのであったなら、わたくしは稿を脱するやいなや、直ちに走って、翁を千駄木の寓居に訪いその閲読をわずらわさねばならぬものであった。

ここに登場する神代帚葉とは、津和野出身の神代種亮《たねあき》（一八八三～一九三五）のことです。種亮が「校正の神様」としてその名を明治大正の文壇や出版界に馳せた人物であることは承知していましたが、こうして、文豪永井荷風が作品の中に登場させるほど深い交友関係をもっていることは知りませんでした。だから驚いたのです。引用したこの部分だけでも、荷風と種亮との親交の深さを十分うかがい知ることができますが、荷風は「作後贅言」の全体を通じて種亮との思い出について詳述しています。それによれば、種亮なくしては『濹東綺譚』という名作が成立し得なかったことは明らかでしょう。なお、多少前後しましたが、ここで永井荷風を簡単に紹介しておきます。永井荷風（一八七九〜一九五九）は、明治・大正・昭和を通じて活躍した小説家です。東京のエリート官僚の家に生まれ、実業家修業のため渡米しますが、その父の期待に添うことはなく、帰国後は文学の道を選びました。稀代の変人といわれ、数々の奇行で有名です。森鷗外を尊崇し、一時慶応義塾大学講師となったのは鷗外の推挙によるものでした。代表作には『ふらんす物語』（一九〇九）、『日和下駄』（一九一五）、『濹東綺譚』（一九三七）、『問わずがたり』（一九四六）などがあります。

なお、「作後贅言」とは、「執筆後の余計な独り言」というほどの意味と思われますが、「余計な」どころか、荷風にとっては、どうしても書かなければならないものだったようです。その長さをみても、『濹東綺譚』本文が八十五ページであるのに対して、「作後贅言」は二十一ページもあり（このページ数は一九九四年六月岩波書店発行『荷風全集』第十七巻による）、小説の「あとがき」としては、少々バランスを欠くといってもよいほど長いからです。また、『濹東綺譚』本文は、昭和十一（一九三六）年十月末頃に脱稿したことがわかっていますが、同全集「後記」には、「作後贅言」の執筆事情についても次のような説明があります。

『作後贅言』も『断腸亭日乗』（荷風の日記／筆者注）によって執筆事情をのべれば、『濹東綺譚』を朝日新聞社に送稿したあと、一九三六（昭和一一）年十一月初二の項に「午後濹東余譚執筆」、六日に「濹東余譚執筆」とあり、十二月十一日に「（中略）拙稿濹東余譚を改題して万茶亭の夕となし之を（中央公論社に／筆者注）与ふ」とあるように、『濹東余譚』を改題、まず、一九三七（昭和一二）年一月一日、「中央公論」第五十二年第一号に『万茶亭の夕（其他二篇）』として発表された。

つまり、「作後贅言」は、最初は『濹東余譚』という題名で『濹東綺譚』執筆直後に書かれ、『万茶亭の夕』に改題のうえで『濹東綺譚』から独立して「中央公論」に発表されていたのです。「作後贅言」は、内容的には、『濹東綺譚』執筆にまつわる余話であることには間違いありませんが、こうして、あくまで独立した作品として書かれ、発表されたことがわかると、この文章が単なる「あとがき」ではなく独自の存在感を示している理由が改めて了解されるのではないでしょうか。

なお、荷風は、脱稿の翌年の昭和十二（一九三七）年四月に私家版『濹東綺譚』を刊行していますが、この私家版編集にあたっては、再び改題して「作後贅言」としたうえで本文のあとに収録し、以後この形が定まりました。ちなみに、『濹東綺譚』の公への初出は、東京朝日新聞と大阪朝日新聞の夕刊紙への掲載で、両紙とも昭和十二（一九三七）年四月十六日から同年六月十五日、全三十五回の連載でした。木村荘八の挿画にも人気が集まったようです。なお、この新聞連載には、「作後贅言」は掲載されていません。

荷風と種亮は、大正十年頃古本屋で知り合ったらしく、その後種亮の案内によって夜な夜な濹東界隈の「ラビラント」を遊び歩いたようです。「ラビラント」とは迷宮の意味で、ここでは迷宮のように入り組んだ遊郭や盛り場の路地のことを指します。荷風の表現を拝借しました。また、こうした二人の交友の様子は荷風の日記『断腸亭日乗』にも多く記述があります。例えば昭和七年六月八日の条、

偶然神代氏に逢ひ附近のカッフヱーに登りて飲む。神代氏は銀座カッフヱーの裏面に明るき人なり。

といった具合に。このように『断腸亭日乗』と『濹東綺譚』を併せて読むと、より立体的に作品を楽しむことができるのでお勧めです。

ただ、ここで白状しておきますが、荷風の『断腸亭日乗』には、種亮との良き交遊ばか

りではなく、ときには荷風の手厳しい記述も記されています。例えば、昭和七年九月十一日には、

（前略）神代氏銀座遊歩記と題する草稿を余に示し余と二人合作の如き体裁となし、東京日日新聞に掲載したしと言ふ。是余に取りては実に迷惑千万の事なり。此夜をかぎり銀座にて神代氏に逢ふことは避けざる可らず。

とあり、種亮が投稿文に自分の名前を使わせろと言ってきたことに腹を立てて、今夜を限りとして銀座では種亮にはもう逢わないぞ、とまで書いています。このように、ほぼ毎夜、銀座などで一緒に遊び歩いていると、そこはどちらも有名な「奇人変人」同士のこと、ときに仲たがいをすることがあっても不思議ではないでしょう。本当にこの夜をもって二人は絶交したのかと思いきや、数日後の九月十七日には、「（前略）夜万茶亭に往きて神代氏の来るを俟つ。」と書かれています。それも「来るを俟《ま》つ」です。数日前の絶交宣言は何だったのでしょうか。もちろん、このあとも二人は頻繁に「カッフヱー」などで遊んでいます（『断腸亭日乗』の引用元は、岩波書店版一九九三年発行『荷風全集第二十二巻』）。

号「帚葉」と本名「種亮」について

なお、「帚葉」という雅号の由来については、「あとへあとへきりのないところを、校正者の側から落葉の庭を掃くと見立てた」（高橋輝次編著『増補版誤植読本』二〇一三年、ちくま文庫）ことからきているといわれています。すなわち、いくら目を凝らして校正の回を重ねても、誤植や誤字脱字を皆無にすることは、至難の業だということを「帚葉」（落葉を掃く）という言葉になぞらえた訳ですが、種亮と同時代の文学研究者、柳田泉がその著書『柳田泉の文学遺産』（二〇〇九年、右文書院刊）の中で「（種亮の／筆者注）特技といえば校正ということで、自然それで衣食していたものである。号の帚葉もそこから出ている。」と、ごく簡単に紹介しています。柳田泉（一八九四〜一九六九）は、青森県出身の文学研究者、翻訳家で、明治文学に関する資料収集と実証研究に優れた成果を残しています。種亮とともに吉野作造の「明治文化研究会」に参加し、『明治文化全集』の編集にあたりました。

同じ『柳田泉の文学遺産』から、名前に関することをもうひとつ紹介しましょう。神代種亮の「種亮」の読み方についてですが、柳田は、同書で「これ（種亮）はタネアキとよむよし、本人の註釈があった、アキラカのアキである」と、神代の本人談を紹介しています。筆者はこの柳田の著書を知るまでは、「たねすけ」と読んでいました。その根拠のひとつには、書誌研究家の岡野他家夫《たけお》が著した『書國畸人傳』（昭和三十七年、桃源社）に「たねすけ」とルビが振ってあったからです。しかし、柳田によって「たねあき」と読むという本人談があったと知ったので、それ以後は「たねあき」と読むこととしました。したがって、筆者が以前執筆したいくつかの文章の中には「たねすけ」と読んだものも存在するはずですが、本書で訂正しますのでご容赦願います。

教員を経て上京

神代種亮は、明治十六（一八八三）年六月十四日、鹿足郡鷲原村（現津和野町鷲原）で郡役所書記の家に二男として生まれ、十七歳で島根師範学校に入学しました。この頃の様子について、同校で種亮と一緒だった後藤正兵衛が、『帚葉山人神代種亮小伝』（文学散歩友の会事務局編『文学散歩』17「永井荷風記念号」一九六三年）で、次のように記しています。

放課後や夜間の自習学習にはいつも読書して居た。（中略）語学の天才で特に英語にすぐれ、難解の訳などよく答えた。（中略）文士や芸術家にある様な一寸変わったところがあり、金銭にも無頓着な人であった。

この頃から、秀才ながら変人、といった片鱗がうかがえる記述です。

種亮は、明治三十七（一九〇四）年に島根師範学校を卒業すると、島根県内の小学校で教員として勤務していましたが、明治四十四（一九一一）年の春頃、単身で上京したと思われます。ただ、教員を退職した動機や上京に至った経緯の詳細については、はっきりわかっていません。

上京後は、海軍省文書課、慶応義塾図書館司書、一誠堂書店編集部などの職を転々としたようですが、そのあとは特にどこに属することもなく、作家の著作の校正や雑誌への寄稿などで生計を立てていたと思われます。そのため、生涯を通して生活は不安定だったようです。一方、師範学校時代のエピソードでもわかるとおり、向学心は強く、独学によって明治文学や書誌学への造詣を深めていきました。

豊富な知識は文豪らも絶賛

種亮は、文字や活字に関する知識が豊富で、校正の技能にたいへん優れていたので、文壇人から絶大な信望を集めるようになります。小説家の藤沢桓夫《たけお》が、随筆『名人物語神代種亮』（サンケイ新聞昭和四十三年六月六日付）で、次のように、多くの有名作家の実名を出して述べています。

（前略）種亮は次第に文筆人や出版関係者の間で名物男として知られ、いろんな全集や、小説本などの校正を依頼されるようになった。芥川龍之介は、自分の本が出るたびに、必ず種亮に校閲を委嘱するのを条件としたし、坪内逍遥・永井荷風・佐藤春夫・姉崎正治なども、種亮の正確な校正を依頼した人たちだった。／有島武郎もその一人で「私のものは神代氏に校正してもらいたい」と言い遺したので、その死後「有島武郎全集」の出版者足助素一《あすけそいち》は、種亮を探すのに一月ほども掛かったというエピソードが残っている。

このように、種亮の校正を求めた文人として、次々と文壇のビッグ・ネームが出てくることに驚かされます。なお藤沢桓夫（一九〇四〜一九八九）は、大阪生まれの小説家で、新聞小説や大衆文学の分野で活躍したほか、文壇史資料として貴重な随筆を多く残しています。また、藤沢は同じ随筆の中で、種亮と同郷の文豪森鷗外について次のような考察をしています。

（種亮は／筆者注）書籍その他に誤った活字が使われているのを発見すると、いつも嫌悪以上の苦痛を覚えた。幼少の頃から正しい字画の漢文を勉強して来た結果ともいえようが、あるいは故郷の大先輩に森鴎《ママ》外という文字の使用に極めて厳格な文学者がいたことの影響もあったかも知れない。

種亮は明治十六年の生まれですから、明治五年に廃校になった養老館では学んでいませんが、養老館が培った文教の風土が、森鷗外を通じて種亮のような人物を育んだということなのでしょうか。なお、種亮は、この同郷の文豪森鷗外の作品も校正しています。それは、鷗外の翻訳作品の傑作『即興詩人』です。ただし、種亮が校正したのは、鷗外没後の大正十五（一九二六）年に出版された同作品の縮刷合本の校訂二十版、いわゆる『校訂縮刷合本・即興詩人』（春陽堂）です。よって、直接鷗外が種亮に校正を依頼したわけではありませんが、現在でも重版がなされるほどの文豪の名作の校正者に、出版者が種亮を選んだわけです。種亮は、同合本の巻末に「即興詩人校訂本奥書」として、校正にあたっての方針や考え方を次のように述べています。

校訂に際しては、縮字本を以て底本となし、底本の誤植は之を大本に拠りて正し、文字の正俗は先生晩年の用例に準じ、又新に、段落を別ち、対話に引用符を施し、底本の用例と前後の文勢とに考へて旁訓を増加したり

引用文中の「縮字本」とは大正三（一九一四）年に第十三版として縮刷合本の新しい形で出版された本のことをいい、「大本」とは、明治三十五（一九〇二）年に出版された最初の単行本（上下二刷本）のことをいいます。どちらも春陽堂からの出版でした。また、奥付に書かれた内容は、新たに段落を切ったり、会話部分にカギ括弧を付すなどとあります

が、これは、校正というよりも、もはや「編集」に近いレベルのように感じられます。中でも重要なのが「字の正俗は先生晩年の用例に準じ」というところで、ただ単に誤字を正すのではなく、作者鷗外の用字法を徹底的に研究・熟知のうえ、それに沿った校正を施すという校正法こそが、種亮の種亮たるところであり、多くの文人が信頼をおいた校正法なのでしょう。なお、津和野町の森鷗外記念館には、底本とした「縮刷合本」に種亮が直接朱書きで校正を施した本が保存されていて、貴重です。

種亮は、昭和五（一九三〇）年に校正を題材にした雑誌「校正往来」を創刊していますが、「校正の神様」と称されるようになったのは、それよりもずっと前からだと、前出の岡野他家夫著『書國畸人傳』にも書かれているように、校正において種亮の右に出る者はないという評価は実際のものだったようです。

また、種亮は、校正のほかにもその豊富な知識や技能を活かして、雑誌の創刊や編集にも意欲的に取り組んでいます。まず、古書や書誌学に関する知識を活かして大正十三（一九二四）年に、「書物往来」という雑誌を石川巖とともに創刊しました。これは古書情報を中心としたもので、創刊前年に起きた関東大震災によって書物を失った多くの愛書家に喜ばれました。執筆陣に荷風や菊池寛らの著名文人を迎えて人気を博し、大正十五（一九二六）年の第十九号まで発行されました。なお、ともに創刊に携わった石川巖（一八七八〜

一九四七）は、山形県出身の書誌研究家、明治大正文学の資料収集家で、「書物往来」創刊以前には、東京帝国大学史料編纂所にも勤務していました。

また、前述したように、昭和五（一九三〇）年には、校正専門雑誌「校正往来」を創刊し、寄稿者に逍遥をはじめ多くの文壇著名人を得ましたが、こちらはわずか二号を出しただけで、創刊の翌年廃刊となりました。ほかにも雑誌「銀座往来」なども発刊しています。

また、その豊富な知識は文学研究にも向けられました。大正十三（一九二四）年、吉野作造（一八七八～一九三三／政治学者、東京帝国大学教授）、尾佐竹猛（法学者、大審院判事）、宮武外骨（一八六七～一九五五／編集者、反骨のジャーナリストと呼ばれる）らによって創設された「明治文化研究会」に参加して、特に明治文学の研究に力を注ぎました。同会の機関誌「新舊時代」（のち「明治文化研究」に改称）への論文発表をはじめとして、昭和二（一九二七）年から同五（一九三〇）年にかけて同会が刊行した『明治文化全集』（全二十四巻、日本評論社）の編集に参加し、文献収集だけでなく、解題や解説文も多数執筆しています。これが種亮のライフワークとなりました。この全集は、明治初期の資料を豊富に収集して原本に忠実に再現したもので、明治文化研究の基本文献として、現在においても高い価値を失っていません。また、当時の文学者からも、「明治における群書類従」と賞賛されました。

しかし、種亮の死は唐突に訪れます。昭和十（一九三五）年三月三十日、東京本郷区（現文京区）千駄木町の自宅で突然倒れ、そのまま亡くなってしまいました。夫人が来客を表まで送りに出た間の出来事だったといいます。狭心症とも脳障害による卒倒ともいわれますが、詳細は不明です。五十二歳の若さでした。

なお、死亡当時の種亮の住居地、千駄木町五十番地は、鷗外と夏目漱石が住んだ五十七番地や、鷗外の観潮楼のある二十一番地にも近い場所でした。これは偶然でしょうか。種亮のことですから、文豪たちを慕って近くに居を構えたのかもしれません。

伊沢蘭奢

短くも華やかな生涯の新劇女優

愛児を残して離婚、上京

舞台女優としては遅く、二十九歳でデビューした伊沢蘭奢《らんじゃ》（一八八九〜一九二八）は、松井須磨子亡きあとの大正中期の新劇界に大きな足跡を残し、三十九歳の若さでこの世を去りました。その短くも華やかな軌跡は、苦悩と情熱に満ちた、まさに彗星のごとき生涯でした。

伊沢蘭奢は、本名を三浦シゲといい、明治二十二（一八八九）年十一月十六日、津和野町後田の紙問屋三浦五郎兵衛の二女として生まれました。広島英和女学校から東京女学校に進み、当時の地方出身の女性としては進んだ教育を受け、多感な年齢に都会の空気にもふれています。なお、蘭奢の生家三浦家は、現在の津和野幼花園（津和野町後田殿町）の向かいあたりに店舗を構えていましたが、蘭奢が若い頃に家業は傾き、家屋敷を手放して近所に転居したようです。

明治四十（一九〇七）年、十八歳で津和野の薬種問屋、高津屋の伊藤治輔（二十五歳）と結婚しました。高津屋は、正式名称を高津屋伊藤博石堂といい、寛政十（一七九八）年創業のこの地方きっての老舗です。当主は代々「利兵衛」を名乗り、治輔は六代目利兵衛にあたりますが、治輔の父五代目利兵衛は、津和野出身の文豪、森鷗外の幼馴染みでした。森家と伊藤家は、医家と薬屋の関係で古くから親交があり、五代目が創始した家伝胃腸薬「一等丸」は、鷗外とその父静男が命名したということです。高津屋伊藤博石堂は、現在も一等丸を中心に薬品を販売しており、地元の人々は親しみをこめて高津屋と呼んでいます。現当主は九代目伊藤利兵衛です。

蘭奢の夫となった伊藤治輔は、東京帝国大学薬学科を出た秀才で、田舎の薬種問屋経営にとどまることなく、「アロイトン」という結核治療の新薬開発による事業を興そうとしていたので、二人の新婚生活は、東京麴町でスタートしました。しかし、治輔の事業は、彼の病気に端を発して挫折し、大正四（一九一五）年に、若夫婦はやむなく帰郷しました。この間の明治四十三（一九一〇）年には、のちに作家として活躍する長男佐喜雄が誕生しています。

しかし、蘭奢はこの頃すでに女優を志していたと思われ、また、都会の生活に慣れ親しんでいた蘭奢にとっては、山陰の旧城下にある老舗の雰囲気になじめず、帰郷一年後の大正五（一九一六）年の秋に離婚します。この離婚によって愛児佐喜雄とも別れることになりましたが、この別離が、女優として成功していく蘭奢の後半生に、大きな影とその補償作用としての芸術的高揚を与えることになります。また佐喜雄も、母への思慕の念に揺れる若き日の葛藤を自伝的小説『春の鼓笛』に描くなど、小説家としてその心情を作品に反映させていくことになります。

二十九歳の遅すぎる初舞台

離婚の翌年、再び上京した蘭奢は、雑誌記者などで生計を立てながら演劇界へ入る準備を進め、島村抱月（本書「中村吉蔵」の項を参照）の芸術座か、上山草人《かみやまそうじん》の近代劇協会かと悩んだ末、結局、近代劇協会の門を叩きました。大正七（一九一八）年、蘭奢二十九歳のときです。蘭奢が頼った上山草人（一八八四～一九五四）は、宮城県出身の俳優、演出家です。坪内逍遥の文芸協会を退会して自ら近代劇協会を起こしますが、のちに劇団を解散して渡米し、創成期のハリウッド映画に出演しています。

蘭奢の近代劇協会での初舞台は、劇団入りからわずか三か月後、有楽座で上演された『ベニスの商人』のネリッサ役でした。この日から、三浦シゲは女優伊沢蘭奢に生まれ変わりました。なお、この初舞台は新聞などで好意的に評価されています。

翌大正八（一九一九）年、上山草人の突然の渡米によって近代劇協会は一旦解散することになったので、蘭奢は畑中蓼坡《りょうは》の主宰する新劇協会に移籍することになりました。畑中蓼坡（一八七七～一九五九）は、高知県出身の俳優、演出家、映画監督です。二十七歳で渡米して十五年間演劇を研究したのち帰国し、島村抱月の芸術座を経て、自ら新劇協会を結成しました。大正後期からは映画界に進出し、俳優と監督で活躍しました。

新劇協会に移籍後の蘭奢は、決して経済的に楽ではなかった同協会の中心女優として最後まで協会を支えました。蘭奢の移籍は、生涯を通じてこのとき一回だけで、のちに小山内薫から築地小劇場への移籍を勧められたときも、蘭奢は頑として聞き入れなかったといいます。小山内薫（一八八一～一九二八）は、東京帝大在学中から森鷗外の知遇を得て演劇や文学活動を行っています。明治四十二（一九〇九）年、歌舞伎俳優の二代目市川左団次とともに自由劇場を結成し、その第一回公演はイプセン作、森鷗外訳の『ジョン・ガブリエル・ボルクマン』でした。大正十三（一九二四）年には築地小劇場を結成し、同劇場はすぐに新劇運動の拠点となりました。小山内薫は四十八歳で急逝しますが、日本近代演劇の開拓者として大きな功績を残し、「新劇の父」と称されたほどの人物です。小山内薫が蘭奢を誘ったのは、その築地小劇場が最も勢いのある時だったのですが、蘭奢は在籍している新劇協会に義理を立てて、移籍の誘いを断ったようです。

こうした蘭奢の人柄について息子の伊藤佐喜雄は、「処世術はまるっきりだめ」だが「田舎人らしい手堅さ、克明さというものは余るほど持っている」「石見人気質のせいだ」と述懐しています（尾崎宏次『女優の系図』昭和三十九年、朝日新聞社）。しかし、新劇協会では、チェーホフ作『伯父ワーニャ』のアンドレヴィナ夫人役や同『桜の園』のラネフスカヤ役などで好評を博し、着実に名女優の道を歩み始めました。

さらに大正十四（一九二五）年からは、正宗白鳥の『隣家の夫婦』、谷崎潤一郎の『本牧夜話』、池谷信三郎の『三月三十一日』などの話題作に次々と出演し、それぞれ好評を得、昭和二（一九二七）年五月上演の岸田國士《くにお》『温室の前』の牧子役によって大女優の地位を確立しました。

最高傑作『マダムX』での迫真の演技

昭和三（一九二八）年一月から帝国ホテル演芸場などで上演された、仲木貞一脚色、川口松太郎演出の『マダムX《エックス》』では、ヒロイン江藤蘭子を演じて絶賛を浴び、これが蘭奢の最高傑作といわれました。この劇は、殺人事件の被告として法廷に立った主人公蘭子が、成長して弁護士になっている自分の捨てた息子の弁護を受けて無罪になる、というストーリーですが、実子と生き別れた蘭奢自身の生い立ちともオーバーラップするこの舞台に、女として、また、母としてのすべてが凝縮されたゆえの、迫真の演技だったと想像できます。

しかし、この舞台が蘭奢の最後の作品となってしまいます。『マダムX』初日からわずか五か月後の昭和三（一九二八）年六月八日、東京・麻布の自宅で脳出血により、燃え尽きるように三十九歳の短い生涯を閉じました。

蘭奢の演技について、『マダムX』で共演した俳優の伊志井寛は、「母性的な色気があった」「舞台では、蘭奢さんはこっちに合わせてくれるような調和的なタイプの女優でした」と評していますし、『桜の園』を観た芥川龍之介がしきりに褒めたという話や、作曲家の山田耕筰が「歌手になっても、いいアルトの歌い手になったろう」と言った、というエピソードなども前掲の『女優の系図』に記されています。

こうしたドラマティックな蘭奢の生涯を詳細にたどるために、重要かつ基本的な二つの文献があります。そのひとつは、蘭奢自身の文章を収めた『素裸な自画像』（昭和四年、世界社）と題する自伝的著作（追悼出版）です。三五〇ページを超える大著で、題名が示すとおり、赤裸々に自身の生い立ちと心情を、小説風な文章も交えて綴っています。巻末には、谷崎潤一郎、岸田國士、徳川夢声といった彼女の生涯に寄り添った人たちによる追悼文も収められています。いまひとつは、平成になって人気ミステリ作家の夏樹静子（一九三八～二〇一六）が、蘭奢の生涯を小説化した作品『女優X——伊沢蘭奢の生涯』です。この作品は平成五（一九九三）年一月「別冊文藝春秋二〇二特別号」に発表され、その後、同年四月に文藝春秋社から同名で単行本として、さらに平成八（一九九六）年四月には文春文庫から文庫本（同名）としてそれぞれ出版されました。単行本の帯に「鷗外に見守られ夢声に慕われた謎多き女優を描く著者初の伝記小説」とあるとおり、ミステリ界の大御所夏樹静子が初めて手掛けた伝記小説として特筆に値する作品です。ちなみに、夏樹の作品の中に描かれた鷗外と蘭奢の出会いのシーンを引用してみたいと思います（引用は文庫本から）。

シゲ（蘭奢のこと／筆者注）は東京で一回だけ鷗外に会ったことがあった。明治四十二年の秋、有楽座で自由劇場の第一回試演があり、イプセン作・森鷗外訳『ジョン・ガブリエル・ボルクマン』が上演された時である。／治輔とはその二年前に結婚していた。彼はシゲの芝居好きを知って、また鷗外先生翻訳の戯曲が評判と聞き、切符を買ってきて連れていってくれた。その劇場のロビーで、治輔が鷗外の姿を見つけ、二人で歩み寄って挨拶したのだった……。

明治四十二年に鷗外訳のイプセン作品が小山内薫によって上演されたことは事実ですが、このとき劇場で蘭奢と鷗外が挨拶を交わしたことを示す資料は存在しないので、このシーンは夏樹の想像にもとづくものでしょう。しかし、文学界だけでなく演劇界でも影響力を発揮していた鷗外に、この時点では東京に住んでいて演劇に憧れをもっていた蘭奢が、治輔とともに、同郷のよしみも相まって鷗外作品の観劇に出かけて挨拶を交わすというこの設定は、まったく自然なことであるばかりか、こののち本当に演劇界を目指してはばたく蘭奢の心情を象徴するために無くてはならないシーン設定だと感じます。なお、津和野からは、ほかにも中村吉蔵という社会劇を得意とした劇作家も出ており、鷗外、吉蔵、蘭奢と、日本近代演劇の創成期を彩るこれらの津和野人たちがどのように絡み合っていたのか、などをテーマとした研究、いわば「津和野演劇人の系譜」についても、今後は試みたいと思います。

日本脳外科の先駆者
中田瑞穂

静かに雪の降るは好き

学問の静かに雪の降るは好き（昭和二十八年刊の句集『刈上』所収）

この俳句の作者中田瑞穂（一八九三〜一九七五）は、日本脳外科の父と呼ばれ、ホトトギス派の俳人としても知られた医学者です。雪深い新潟の地で脳外科の研究に明け暮れた瑞穂の生涯を象徴するこの句を刻んだ句碑が、新潟大学脳研究所に建立されています。また、平成九（一九九七）年に、作家・内海隆一郎（一九三七〜二〇一五）が『別冊文藝春秋二二〇号』に発表した瑞穂の生涯を描いた評伝小説『静かに雪の降るは好き』は、この句を題名としています。

　中田瑞穂は、明治二十六（一八九三）年四月二十四日、津和野町後田で、医師の中田和《よし》居《おり》の三男として生まれました。晩年には町長も務めた父は、明治四十（一九〇七）年、瑞穂が十四歳のとき亡くなりますが、医学の進展のためとして自らの肉体を解剖に供する旨を遺言しました。解剖は遺言どおり行われ、瑞穂も立ち会いますが、このことが、瑞穂が医学を志すきっかけのひとつとなりました。内海隆一郎の小説も、十四歳の瑞穂が解剖に立ち会った事実を軸として物語をつむいでおり、患者と研究のために生涯を捧げることとなる医学者中田瑞穂の原点は、自らの肉体をもって命の尊さを教えようとした父にあることを描いています。

俳句との出会いと留学、新潟へ

　やがて上京して東京帝国大学医学部に入学すると、在学中に、当時すでにホトトギス派の巨匠であった俳人高浜虚子との出会いをきっかけとして、山口誓子《せいし》や水原秋桜子《しゅうおうし》らと東大俳句会で活躍します。

　大正六（一九一七）年に大学を卒業し、同十一年、二十九歳のときに新潟医科大学（現新潟大学医学部）に迎えられます。三十代で度々欧米に留学し、ドイツのハイデルベルグ大学のエンデルレン教授の着実な手術法や、アメリカのイェール大学脳神経外科のクッシング教授の理路整然とした手術法などに、大いに学ぶところがあったといわれています。こうして最新の脳外科手術法や医学知識を学んで帰国すると、当時の日本では未開拓の分野だった脳外科の発展に尽くします。新潟大学脳神経外科のホームページには、

新潟大学の脳神経外科の歴史は、中田瑞穂教授により、昭和初年に外科学教室において脳神経の手術を開始したことにはじまります。

という記述がみられるほか、同じページに、戦後日本で初めて脳神経外科専門の講座が独立して創設され、初代教授に瑞穂が就任したことなども紹介されており、日本脳外科の黎明期に瑞穂が果たした役割の大きさを知ることができます。

昭和二十二（一九四七）年に、脳外科研究者の基本書である『脳手術』を、その二年後には『脳腫瘍』を相次いで出版し、日本脳外科の進展にさらに貢献しました。昭和三十一（一九五六）年には新潟大学教授を退官して名誉教授となりますが、翌年には同大学医学部附属脳外科研究施設の初代施設長に就任し、引き続き研究と後進の指導に力を注ぎます。昭和三十三（一九五八）年には紫綬褒章を受け、同四十二（一九六七）年には文化功労者と日本学士院会員にも選ばれています。

俳人としての瑞穂の功績も見逃すことはできません。脳外科医としての超多忙な生活の中、終生、正統写生の俳風による作句に取り組み、句誌の発行などを通じて地域文化へも貢献しました。また、晩年に新潟に戻った歌人、会津八一《あいづやいち》（一八八一～一九五六／新潟市出身）とも親交を深め、前述した瑞穂の句集『刈上』の表紙題字は会津の揮毫によります。

昭和五十（一九七五）年八月十八日、新潟市の自宅で八十二歳の生涯を閉じましたが、瑞穂は死に先立って、父和居と同様に、医学の進歩に役立てるために自らの肉体を解剖に供する旨の遺言を、弟子の生田房弘教授に託していました。瑞穂が望んだ学問的病理解剖は、愛弟子らによって速やかに、かつ、厳かに実施されました。

膨大な民俗を記録した在野の民俗学者

大庭良美

民俗学が生涯の仕事

大庭良美《おおばよしみ》（一九〇九～二〇〇二）という人を端的に表現すれば、「在野の民俗学者」ということになるでしょうか。肩書きには、日本民俗学会会員、山陰民俗学会会員、日原町《にちはらちょう》文化財専門委員などがあるようです。本人も自らについて、

わたしは（中略）昭和一九年召集されて満洲へ行き、二八年帰国するまで一〇年外地にいた他は、終生家を離れることなく、日原という小さな町の民俗や歴史を調べるのが生涯の仕事になった。

と、七十六歳のとき出版した『家郷七十年村の生活誌』のあとがきで語っています。その言葉どおり、大庭の「仕事」は膨大な著述群として、雑誌掲載、新聞投稿、書籍出版の形で残され、その全貌は、子息の大庭耕助が平成十五（二〇〇三）年に発行した『大庭良美執筆目録』（非売品）に、極めて詳細にまとめられています。それによると、著書は、一九三二（昭和七）年、二十三歳のときの『郷土歌謡集』を最初として、一九九九（平成十一）年、九十歳のときの『郷土の画家伊藤素軒』まで、三十六点を数えます（私家版、共著、編著も含む）。また、学会誌や新聞、雑誌などへの投稿はさらに膨大で、目録で確認するだけでも、ゆうに六百五十編を超えています。これは、在野の一民俗学者が残したものとしては異例の量ではないでしょうか。もちろん量だけでなく、これらは日本民俗学の根底を支える貴重な著述として今なお高い評価を得ていることを特筆しておきたいと思います。

なお、前出の大庭最後の著書、『郷土の画家伊藤素軒』について少し触れておきたいと思

います。これは、津和野町（旧日原町）出身の日本画家伊藤素軒（一八七六〜一九五七）の作品解説と生涯をまとめたものです。平成十（一九九八）年に日原町教育委員会から刊行されました。この中には、素軒が刊行を予定していた研究書『ミレエ伝』（『晩鐘』などで有名なフランスの画家ミレーの生涯と作品を論じた著書）のために森鷗外が寄稿した序文の自筆原稿や、素軒宛の書簡など、鷗外研究においても貴重な資料が紹介されています。なお、素軒著の『ミレエ伝』が刊行されることはなかったようです。

宮本常一博士も絶賛

大庭の著書のうち、昭和四十九（一九七四）年、六十五歳のときに未来社から刊行された『石見日原村聞書』は、昭和初年から同四十年代までの長期間にわたって、丹念に村の古老たちの話を採取、記録した労作で、現在でも資料的希少性や採取例の多様さ、的確な整理法などによって高い評価を得ています。昭和を代表する民俗学者で、本書の指導にも当たった宮本常一博士は序文を寄せ、その中で本書の貴重性を強調しています。

また、採集した話の希少性だけではなく、宮本は、大庭の「ふるさとをできるだけ客観的に見ようとする」姿勢についても評価を惜しみません。

対象を見つめる大庭のこうした姿勢は、生涯を通じてすべての仕事に貫かれています。なお、実際の採取活動は、戦前戦中の七年間と、戦後の七年間の二つの期間に行われました。また、本書は戦前に一度刊行直前まで準備が進んでいましたが、戦争によって原稿が失われ、戦後になって改めて執筆し直しています。

野尻抱影と大庭少年の出会いと交流

大庭良美は、明治四十二（一九〇九）年、島根県鹿足郡日原町大字池村（現津和野町池村）に生まれ、村の小学校を卒業後、十年ほど農業に従事していましたが、昭和八（一九三三）年から村役場に務めるようになりました。そして、昭和十九（一九四四）年十月に出征し、同二十八（一九五三）年四月に帰還するまでの十年間を、兵役と捕虜生活のために中国で過ごしています。帰郷後は、再び役場に勤務しました。

その後、昭和五十八（一九八三）年に役場を退職し、日原町文化財専門委員などを務めながら、生涯にわたって歴史と民俗の記録に没頭していきます。大庭をそうした道にいざなったものは何だったのでしょうか。その背景には「愛情深い肉親とふるさとのいぶき」があると、民俗学の師、宮本常一は、前出『石見日原村聞書』の序文の中で分析しています。もちろんそれは間違いありませんが、もっと直接的には、少年時代のある人物との出会いがありました。

その人物とは、英文学者で、天文学や民俗学にも造詣の深い野尻抱影《のじりほうえい》（一八八五～一九七七）です。野尻は、明治十八（一八八五）年生まれで、大庭の二十四歳年長です。また、小説『鞍馬天狗』シリーズやノンフィクション作品『天皇の世紀』などで有名な作家、大《お》佛次郎《さらぎじろう》（一八九七～一九七三）の実兄でもあります。野尻と大庭の出会いについて、大庭は随筆集『緋駒』で次のように詳しく述懐しています。

私は大正十三年高等小学校を卒業して百姓になったが、その年の新年号の『中学生』を友人から借りてみると、野尻先生の一月の星の解説（中略）の末尾に肉眼星の会の会員募集があって、希望者は星座のスケッチを送れということであったから、私はすぐ送った。先生から折返し返事が来た。

そして、このスケッチの投書から二年後、先生から手紙が来た。（中略）手紙には（中略）私の地方の星について聞いていることがあれば知らせてほしいということであった。私は祖父から聞いていた籠かたぎ星と角力とり星のことをおしらせした。先生はとてもよろこんでくださった。その頃先生は星の和名の研究にとりかかっておられたが、わたしの報告が最初のものだったということである。

ここで大庭も記しているように、野尻は、当時少年だった大庭の報告に力を得て星の和名に関する研究を進め、昭和十一（一九三六）年に『日本の星』（昭和十一年、研究社。中公文庫版『日本の星　星の方言集』昭和五十一年版もある）を著し、その中で大庭の報告について手紙を引用しながら紹介しています。

こうして著名な学者の著書や全国的な雑誌の中に自分が報告した星名や自分の名前が掲載されているのを見出した大庭少年が、どれほど心躍らせたかは容易に想像ができるところです。大庭はこの報告の中で、「α《アルファ》星」「σ《シグマ》」など、星の呼び名について専門用語を正確に使用しています。天文学に関する情報が決して豊富とは思えない大正末期の石見の農村に住む少年は、この手紙を書くにあたって、天文学について相当事前に勉強したのではないでしょうか。なぜなら、大庭が最初に野尻の星の解説を読んだ頃には「私はそれまで全然星を知らなかった」（『緋駒』）と自ら述べているからです。

このあとも二人は生涯にわたって交流をもち、大庭は論文などを書く度に野尻に送って指導を仰ぎ、野尻は丁寧に感想などを返しています。また、昭和十二（一九三七）年、大庭が二十八歳のときには、東京で初めての面会も果たしています。野尻はこのとき多くの民俗学関係者に大庭を紹介し、この人脈が民俗学を志す大庭にとって大きな財産になっていきました。大庭は、最晩年に、野尻との交流を次のように感慨深く振り返っています。

私が野尻先生の知遇をうけるようになったのは、ほんのふとしたきっかけであった。私のところは本州の西端に近いところであるから奇蹟のようなことである。これが私の一生にどのように大きな意義をもつものであったか、まことにはかりしれない。それから五十年、先生は慈父のようにあたたかく私を見守ってくださり、私にはそれが大きな誇りでありはげましであった。（『緋駒』）

旧日原町は、「星のふるさと日原」をキャッチフレーズに、一般公開としては国内最大級の反射望遠鏡を備える日原天文台を建設し、合併後の現在も大きな役割を果たしていますが、遠い昔、日原の一少年が星の和名研究者との交流を始めたことと、その町が後年になって「星のふるさと」を標榜したこととの間には、決して偶然ではない、どこかで赤い糸によってつながれた絆があった、という気がしてなりません。

民俗学の師は宮本常一博士

大庭の民俗学を直接指導したのは、昭和を代表する民俗学者、宮本常一（一九〇七〜一九八一）です。宮本常一は、明治四十（一九〇七）年、山口県周防大島生まれで、大庭より二歳の年長です。日本民俗学の祖である柳田國男（一八七五〜一九六二）の研究に始まり、民俗学研究組織「アチック・ミューゼアム」（のち「日本常民文化研究所」に改称）の主宰に参画しました。生涯にわたって全国津々浦々を民俗調査のために歩き続け、民俗学の体系化に大きく寄与した人物です。肩書きには、武蔵野美術大学教授、文学博士、日本観光文化研究所所長などが並びます。旧日原町へも再三訪れており、その際には必ず大庭の自宅に宿をとり、夜更けまで大いに民俗学談義に花を咲かせたと、筆者は生前の大庭から聞いたことを思い出します。

大庭と宮本の出会いや交流の様子については、大庭本人の言葉で語ってもらいましょう。『緋駒』の中の「宮本常一先生」の項から。

宮本さんにはじめて逢ったのは昭和十五年九月九日、江津駅の前で、渋沢敬三先生が大田植の調査に来られるのに随行して来られた時であった。

この初対面のとき、宮本は三十三歳、大庭は三十一歳。新進気鋭の民俗学者と、地方で民俗採集に情熱を燃やす若者、という図式です。そして、その晩、執筆中の『日原村聞書』の原稿を宮本にみてもらって指導を受けています。

宮本さんはこれを見て、いいものだがこのままではいけない、聞いたままをそのまま書いてあるから分類整理しなければいけないといって、いろいろ教えてくださった。

（中略）その晩は大田植の実演を見て、渋沢先生・宮本さん・牛尾三千夫氏と四人一つ蚊帳に寝た。

「四人一つ蚊帳」がなんとも微笑ましい光景です。なお、渋沢先生とは、日銀総裁や大蔵大臣まで勤めた財界人であり、民俗学も探求した渋沢敬三（一八九六～一九六三）のことで、前出のアチック・ミューゼアムを私費を投じて開設しています。牛尾三千夫（一九〇七～一九八六）は、島根県旧桜江町出身・在住の山陰を代表する民俗学者で、神職。神楽や田植歌研究で貴重な研究を残しています。

この大庭の原稿は、加筆・修正がなされ昭和十九（一九四四）年に出版される段取りとなりましたが、同年大庭本人が戦争に召集されたうえ、東京の出版社に送ってあった原稿まで空襲で消失してしまいました。昭和二十八（一九五三）年に帰還した大庭が、十年ぶりに宮本に連絡をとり、再度まとめた原稿の出版について相談すると、出版事情の良くない中、宮本や渋沢の尽力によって、昭和三十（一九五五）年、渋沢が主宰する「日本常民文化研究所」から『石見日原村聞書』として無事出版されました（同書は昭和四十九年に「後編」を加えて未来社から同じ書名で再度出版された）。大庭はそのときの心境を「まるで夢のような思いであった。」（『緋駒』）と述懐しています。

そしてその同じ年に二人は、戦争という大きな出来事をはさんで十五年ぶりに再会しました。

その次に会ったのは、昭和四十（一九六五）年秋に大庭が宮本の大学を訪れたときです。このとき大庭は、日原町で開催する夏期大学での講演を依頼し、宮本は快諾しています。翌年夏、宮本は家族を伴って日原を訪れ、再会を喜んで大庭家に泊まっています。

大庭は、その後も再三にわたって宮本を訪問しています。大庭がこのように頻繁に宮本を訪ねているのは、単に民俗学の指導を仰ぐためばかりではなく、前述した『石見日原村聞書』の続編の執筆が宮本の希望によって進行していたからでもあります。

大庭のライフワークであり「大庭民俗学」の真骨頂といえる『石見日原村聞書』は、まったく宮本との二人三脚によって成された大事業でした。

その後、宮本は昭和五十四（一九七九）年に再び夏期大学で日原を訪れ、例によって大庭家に一泊しましたが、大庭が宮本と直接言葉を交わしたのは、これが最後となりました。昭和五十六（一九八一）年、宮本が七十四歳で亡くなったからです。

民俗学だけでなく、生涯の師でもあった宮本に対する感謝の意を大庭は次のように述べています。

宮本さんにはたいへんお世話になった。わたしを世に出してくださったのは宮本さんであった。わたしの仕事を高く評価してくださり、先生を頼りにしていただけに、全く心の中に大きな空洞ができた思いであった。もうあのように頼りになってくれる人はいないのである。
（『緋駒』）

多くの「師」や「友」に恵まれた生涯

大庭は、生涯を通じて、野尻、宮本のほかにも、多くの師や友に恵まれました。『大庭良美年賦』をたどって、列記してみましょう。

沖本常吉（郷土史家）、鈴木三重吉（児童文学者）、磯貝勇（民俗学者）、牛尾三千夫（民俗学者）、酒井朝彦《あさひこ》（児童文学者）、臼田甚五郎（国文学者）、町田佳聲（本名嘉章／民謡研究家）、渋沢敬三（実業家・民俗学者）、中井猛之進（植物学者）、田畑修一郎（小説家）、柳田國男（民俗学者）、大塚有章（社会運動家）、和歌森太郎（歴史学者）、今野円輔《えんすけ》（民俗学者）、松本三喜夫（民俗学者）、石塚尊俊（民俗学者）、酒井薫美《ただよし》（民俗学者）、増田昭子（立教大講師）、鎌田久子（成城大教授）、勝部正郊（民俗学者）、石井正己（東京学芸大教授）、波多野虎雄（鷗外研究家）、中尾彰（画家・詩人）。

中央の民俗学者が多く見られますが、中でも柳田國男は、日本民俗学の創始者としてあまりにも有名です。大庭は、柳田主宰の「民間伝承の会」へ入会したことから直接柳田の指導を仰ぐこととなり、柳田は大庭を高く評価していました。

透明感溢れる文章の魅力

最後に、大庭の文章の魅力について記してみます。大庭は若い頃、童話作家を志していました。年譜にも「鈴木三重吉先生より第二『赤い鳥』発行のしらせあり入会（二十一歳）」や「童話稿野尻先生に送り（二十八歳）」などの記述が見られます。そんな大庭の著述は、単なる民俗現象の記録としての文章を超えて、独特の味とリズム感を持っているように思います。特に随筆でそれが顕著です。そこにある言葉たちは、あるときはコタツで孫に話してやるように、あるときは自分自身に言い聞かせるように、トツトツと語られます。透明感が高いために、読み始めるとついついあとを引き、いつの間にか思わぬ夜更かしをしてしまうのもそのためです。大庭の著書からいくつかを紹介して、その魅力を味わっていただきましょう。

まずは、『緋駒』から「狐」という文の冒頭。

床に入って、少しうとうとしかけると狐が啼いた。

「狐が啼くで」

妻と二人で耳をすましていると、少したってまた啼いた。

コン　コーン
山里の夜更けは物音一つしない静けさである。その夜のしじまを破って闇の中にひびく。外は雪である。

狐は上の山からおりて、山裾の路を向うへ行くらしい。一声毎に遠くなって、やがて聞こえなくなった。

（『緋駒』）

散文でありながら詩情にあふれ、童話の一節を読んでいるような錯覚に陥ります。

次に、民俗学系の著書から。大庭が七十六歳のときに出した『家郷七十年村の生活誌』の中の「わたしの村」。

石見国鹿足郡畑村――これが明治維新になるまでの、わたしの村の名である。／高津川右岸の台地にある、南向きの日当たりのよいところで、川に向かって半円形にうしろを低い山が囲っている。川のほとりにありながら土地が高いため川の恩恵を蒙ることができず、水田は溜池の水に頼っている。（中略）昭和のはじめ耕地整理で大きな溜池の土手あげをし、小さい溜池を田にしたが、まだ相当な溜池がある。／戸数五〇余りの農村である。

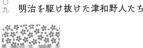

読めばスーッと意味が頭に入り、なんの文章表現的技術も施されていないと感じますが、いざこれと同じように書こうとすると、とたんに筆が止まってしまい、大庭の高度に洗練された透明度の高い文章技術に舌を巻くことになります。

大クスノキとともに

著述以外の大庭の仕事で重要なものは、まずは、昭和五十六（一九八一）年、旧日原町が建設した「日原歴史民俗資料館」の監修でしょう。大庭が民具研究の集大成として陣頭指揮を執ったこの資料館は、質、量ともに中国地方屈指の民俗学の殿堂であり、「大庭良美記念民俗資料館」と呼ぶのが最も至当だ、と筆者は以前から思っています。

また、大庭の生家にほど近い大元神社跡に、大きなクスノキがそびえています。推定樹齢五〇〇年、幹の周囲が約十m、高さが約三十mの大木で、「島根県で一番大きな木」として昭和三十三年、島根県天然記念物第一号に指定されています。戦前、このクスノキを倒伐する話しが持ち上がりましたが、大庭はいち早く記念物指定に向けて地元の人たちとともに活発な運動を展開しました。その甲斐あって昭和十四（一九三九）年には仮指定を受け、伐採を免れました。現在のように「自然保護」の声がまだそれほど大きくなかった頃のことで、しかも、軍靴の音が徐々に高くなる時勢だったことを考えると、大庭と大庭を育んだ地域の人々の先見性には脱帽させられる思いです。

こうして、日本民俗学の歴史にその名を克明に刻んだ「在野の民俗学者・大庭良美」は、平成十四（二〇〇二）年、彼が守った「大クスノキ」に見守られながら、静かに九十三歳の天寿をまっとうしました。

第二回芥川賞候補となった作家

伊藤佐喜雄

母伊沢蘭奢と離別

伊藤佐喜雄（一九一〇〜一九七二）は、明治四十三（一九一〇）年八月三日、津和野町後田本町の薬種問屋高津屋伊藤博石堂（本書「伊沢蘭奢」の項参照）の六代目当主伊藤治輔とシゲの間に生まれました。母シゲが女優への夢を捨て切れずに離婚、上京したために、佐喜雄は幼くして母と離別しています（佐喜雄の実母シゲは旧姓三浦、のちの女優伊沢蘭畬。詳しくは本書「伊沢蘭畬」の項を参照）。祖母の手で育てられ、大正十二（一九二三）年四月、山口中学に進学しましたが、この中学時代に映画をとおして母が女優であることを知り、母の友人で女優の五月信子を介して、家族には秘密で母との文通を始めています。そして、昭和二（一九二七）年八月、佐喜雄が十七歳のとき、京都で夏季講習を受けることを口実に、浜松で十三年ぶりの再会を果たしました。物心がつく前に生き別れになった佐喜雄にとって、この「再会」が初めてに等しかったことは言うまでもありません。この出来事が、多感な年齢の少年にとってどんなに衝撃的であったかは、容易に察することができるでしょう。

中学を卒業すると、家業を継ぐために、昭和三（一九二八）年四月、大阪高等学校理科に入学しました。この年の五月にも佐喜雄と蘭畬は東京で約一週間を共に過ごしていますが、その翌月、母蘭畬は突然帰らぬ人となりました。

文学同人誌に参加

大阪高校時代の佐喜雄は、理科の学生ながら文学を愛好し、文科の教室にもよく出入りしたようです。ここで、のちに佐喜雄も参加する文学同人誌「日本浪漫派」や「コギト」

の中心人物となる保田與重郎《よじゅうろう》と出会っています。

保田與重郎（一九一〇～一九八一）は、奈良県出身の文芸評論家です。大阪高等学校から東京帝国大学美学科に進み、在学中から同人誌「日本浪漫派」「コギト」の創刊同人として活動しました。昭和十一（一九三六）年に処女作『日本の橋』で第一回池谷信三郎賞を受賞して批評家の地位を確立し、終戦までの一時代を代表する文芸評論家として活躍しました。マルクス主義を経てドイツロマン派に傾倒し、近代文明批判と日本古典主義を展開しました。昭和五十六（一九八一）年死去。保田の著作に触れるには、『保田與重郎全集』（全四十巻・別巻五巻、講談社、一九八五～一九八九年）、『保田與重郎文芸論集』（講談社文芸文庫、一九九九年）、『保田與重郎文庫』（全三十二巻、新学社、一九九九～二〇〇三年）などがあります。また、「日本浪漫派」は、保田與重郎や亀井勝一郎らが中心となって創刊した文芸雑誌で、昭和十（一九三五）年三月から同十三（一九三八）年八月まで全二十九号が発行されています。プロレタリア文学が衰退したあと、ロマン主義が台頭してきた気運を受けて、詩的精神の高揚と古典復興をうたった点に特徴があります。同人や寄稿者には、伊藤佐喜雄、伊藤静雄、太宰治、檀一雄、木山捷平、萩原朔太郎、佐藤春夫、中河与一、三好達治などが名を連ねます。「コギト」は、昭和七（一九三二）年三月から同十九（一九四四）年九月までに、全一四六号が発行された文芸雑誌です。誌名は哲学者デカルトの有名な命題「コギト・エルゴ・スム（我思う、ゆえに我あり）」からとられています。古典美への志向を基本に据え、同人誌「日本浪漫派」「四季」「文芸文化」などと関連をもちながら、詩と評論を中心として昭和十年代のロマンティシズムの源流を形づくる一翼を担いました。比較的長い誌命を保ったために同人・寄稿者は大変多く、その一部を列記すると、保田與重郎を中心に、伊藤佐喜雄、伊藤静雄、亀井勝一郎、神保光太郎、桑原武夫、萩原朔太郎、高村光太郎、立原道造、などがいます。

佐喜雄は、昭和五（一九三〇）年に肺結核を患って休学します。翌年には復学しましたが、以前の友はすでに卒業していたため、さびしい生活を送る中で再び病状が悪化し、ついには退学してしまいます。

第二回芥川賞候補に

九州大学病院で療養中に、旧友保田與重郎が同人誌「コギト」を創刊し、佐喜雄にも誘いがあったので、それに応じて参加しました。さっそく処女小説『面影』を同誌に発表すると、三好達治らから好評を得ました。退院して津和野に帰った昭和十（一九三五）年、やはり保田が発刊した同人誌「日本浪漫派」に長編小説『花の宴』を連載すると、この作品などによって第二回芥川賞（昭和十年下半期分）の最終候補になりました。このとき最後まで賞を争ったのは、佐喜雄の親友でもあった檀一雄ですが、結局は「該当作なし」という結果となり、どちらも賞を射止めることはできませんでした。なお、檀一雄（一九一二〜一九七六）は、山梨県出身の小説家で、女優・檀ふみの父親です。私小説や歴史小説を多く書き、「最後の無頼派」といわれました。佐喜雄と芥川賞を争ったときの檀の作品は『夕張胡亭景観』（一九三五）でした。代表作は『リツ子その愛』（一九五〇）、『リツ子その死』（同）、『火宅の人』（一九六一〜七五）など。なお、檀はのちに『真説石川五右衛門』（一九五一）で第二十四回直木賞を受賞しています。

実は、この芥川賞選考会の当日（昭和十一年二月二十六日）の未明に「二・二六事件」が勃発したために、選考会場に予定していた料亭が使用不能となり、選考会議が中止となりました。急きょ、書面による選考に切り替えられましたが、しょせん書面では徹底した議論はかなわないことから、結局「該当作なし」とされたと考えられています。佐喜雄の作品は、選考委員の佐藤春夫や小島政二郎の強い支持を得ていたとも伝えられており、佐喜雄にとっては直接の議論が中止されたことは不幸だったのかもしれません。

ちなみに「二・二六事件」は、昭和十一（一九三六）年二月二十六日から同月二十九日にかけて、皇道派青年将校が起こしたクーデター未遂事件です。斎藤実《まこと》内大臣、高橋是清大蔵大臣らが殺害され、国会や首相官邸などが一時占拠されました。陸軍によって鎮圧され首謀者は極刑に処せられましたが、この事件を契機として軍部の政治的発言権が強化し、日本が軍国主義化していく契機となりました。

この津和野在住中に、町内の文学青年らに呼び掛けて、「花草会《はなそう》」という文化サロン的なグループを発足させています。この会はさまざまな活動を展開しましたが、そのなかでも有名なのは、まず、森鷗外旧宅を元に戻そうという運動です。この当時、鷗外の生家は、鷗外が誕生した頃とは別のところに移築されていたので、それを本来の位置に戻そうという運動が佐喜雄の発案で始まったのです。なお、鷗外生家は伊藤家が所有しており、伊藤家が津和野町に鷗外生家を無償で寄贈することで、この計画は、戦後になって実現することになります。もうひとつは、殿町の掘割へ鯉を放流したことでしょう。ほかにも、当時としては珍しい映画会なども実施しています。こうした花草会の文化的活動が、「文豪鷗外の故郷」「鯉の町」として多くの観光客が訪れる現在の観光の基礎づくりに大きな役割を果たしたことは、記憶に留めておきたいものです。

上京して文筆活動に専念

昭和十三（一九三八）年には、「日本浪漫派」の同人会に出席するために上京し、約一か月滞在して、佐藤春夫や川端康成、太宰治らに会っています。翌十四（一九三九）年、『花の宴』が、ぐろりあそさえて社から出版され、出版記念会出席のために再び上京しました。なお、この本の装丁を担当したのは著名な版画家棟方《むなかた》志功《しこう》です。

昭和十六（一九四一）年には、佐藤春夫の世話で和田百合子と結婚し、東京の新居で本格的な文筆活動に入りました。この頃の作品には、短編集『美しき名を呼ぶ』、「コギト」の巻頭を飾った『萩原朔太郎追悼詩』、自伝的長編小説『春の鼓笛』などがあります。このうち、『春の鼓笛』は、感受性豊かな少年の目に焼き付いたさまざまな人生模様が、彩り深い文章で描写されており、昭和十八（一九四三）年の池谷信三郎賞を受賞しました。また、昭和十九（一九四四）年に大日本雄辯會講談社から刊行された、同郷の文豪森鷗外を論じた評論集『森鷗外』は、作家鷗外と郷土の関係を独特の視点で捉えたもので、吉井勇に「鷗外研究書の白眉」と絶賛されました。それにしても、戦時下で出版事情が最悪の時期によく出版できたと思います。

戦後再び上京、児童書も多く執筆

戦火が激しくなった昭和二十（一九四五）年には、妻の郷里である紀州へ疎開し、その後、津和野に移っています。このときの佐喜雄の帰郷を機に、サークル「花草会」が再開し、同人誌「水沫《みなわ》」を創刊するほど活発な活動が展開されました。この頃の佐喜雄を知るある同人は、「彫りの深いギリシャ彫刻を思わせるような顔立ちでいつも静かな沈んだような表情をたたえ、非常に心の澄んだ方だという感じを受けた」と、その印象を語っています。

昭和二十一（一九四六）年、山口に移り、二十四（一九四九）年には再び文筆活動に専念するため、単身で上京しています。戦後の作品には、短編集『藤娘』、長編小説『藤村』、同『蘇生』などがあります。また、昭和三十年代からは、児童向けの偉人伝なども数多く出版しています。この頃、幼少期を過ごした人の中には、偕成社や金の星社など児童書を多く手掛ける出版社から出された佐喜雄の著書に親しんだ人も多いようで、「伊藤佐喜雄」の名前に懐かしさを感ずる人は少なくないと聞きます。

抒情豊かな「津和野小唄」を作詞

また、この時期には、郷里との関わりも強く保っています。その一例をあげると、佐喜雄は、津和野の風情をしっとりと歌った「津和野小唄」の作詞を手掛けています。「津和野小唄」は、昭和三十（一九五五）年の新津和野町発足（昭和の大合併によって昭和三十年一月、旧津和野町・小川村・畑迫村・木部村が合併して新津和野町となった）の記念事業として町民愛唱歌「津和野小唄」をつくるために、町役場が広く一般から歌詞を募集することになりました。昭和三十（一九五五）年六月十五日発行の『津和野町広報第一号』紙上で告知しています。

このとき、佐喜雄は審査員を務めますが、自らも作詞をしています。

この公募で一位当選したのは、当時、津和野中学校教諭だった釟川兼光《かんながわかねみつ》の「津和野音頭」でしたが、募集から約一年後の昭和三十一年五月二十五日付け「津和野町広報第四号」紙上には、釟川兼光の「津和野音頭」と佐喜雄の「津和野小唄」が一緒に掲載されました。この二曲は同時に、作曲家の加藤三雄の作曲、当時芸者歌手として絶大な人気だった市丸の歌唱によってレコードに吹き込まれ、「津和野音頭」がA面、「津和野小唄」がB面で、ビクター・レコードから発売されています。このレコード発売に関しては、佐喜雄や作家の佐藤春夫がレコード会社への斡旋などに尽力したようです。
伊藤佐喜雄作詞の「津和野小唄」は次のとおりです。

一、津和野恋しや　あの娘の瞳　夢を見るよな　夢を見るよな　エゝ　城下町
二、梅の花咲く　鷗外やしき　のこる香りよ　のこる香りよ　エゝ　面影よ
三、鐘が鳴る鳴る　十字《クルス》は光る　鳥も来て鳴け　鳥も来て鳴け　エゝ　マリヤ堂
四、いとし千姫　坂崎出羽の　墓に雪ふる　墓に雪ふる　エゝ　永明寺
五、スキーかついで　青野を下りゃ　恋のヒュッテが　恋のヒュッテが　エゝ　君を待つ

なお、レコーディングでは、時間の制約があったのか、四番の歌詞（千姫と坂崎出羽）の歌唱は割愛されています。

佐喜雄は、その後も、文芸史上特異な存在として知られていた同人「日本浪漫派」を内側から論じた評論『日本浪漫派』や、長編小説『愛と死の壁画』などの貴重な作品を残しています。最晩年は病気がちで、昭和四十六（一九七一）年十月十七日、心臓衰弱のため六十一歳で不帰の人となりました。絶筆は、初代津和野藩主亀井政矩の一生を描こうとした未完の歴史小説『いのちの砦』でした。

なぜ津和野から多くの文化人が？

本当に「多い」のか？

このように多くの文化人が小藩津和野から、そして、明治以後はさらに過疎が進んだにもかかわらず、小さな町津和野から生まれた、と紹介してきましたが、本章の最後に、なぜ、そのようなことが起こったのか、について筆者の考えを述べてみたいと思います。

ただ、その前に、津和野から多く出たといっていますが、本当に「多い」のか、客観的な根拠はあるのか、と疑問に思う向きもあるかもしれないので、まずはそのことについて述べておきたいと思います。昭和四十三（一九六八）年は、明治一〇〇年の節目の年でした。この節目を記念して、島根県教育委員会が『明治百年島根の百傑』という書籍を出版しています。明治期に活躍した島根県出身の各分野の先傑を一〇〇人選んで、その生涯や業績をまとめたものです。その一〇〇人を出身市町村別に数えてみました。ただし、ここでの市町村は、平成の合併前の五十九市町村です。分野は問わずに人数だけをみますと、一番多かったのが、松江市の二十九人でした。これは、人口や城下町の歴史、県庁所在地である、などから考えても当然の結果だと思います。そして、第二位が、なんと津和野町の十二人です。第三位は出雲市の十一人でした。このあとは、安来市・六人、益田市・五人、浜田市・四人、大田市・三人、と続きます。ここで気づくのは、津和野町以外は、すべて市が並んでいます。それも人口や商業の集積度などからみて理解できます。しかし、津和野町として唯一、しかも松江市に次ぐ人口の出雲市さえも上回っての第二位は、やはり、津和野から「多く」の先傑・文化人が輩出した、ひとつの客観的根拠だといっていいのではないでしょうか。

藩校教育と藩費国内留学

たったひとつの例ですが、やはり津和野という地域からの文化人の輩出率が高いということは、客観的にも確認できた、との前提に立ち、その理由は何かということについて記述を進めます。

そこでまず、あげられるのは、やはり、藩校養老館による教育の充実です。養老館は、天明六（一七八六）年、八代津和野藩主亀井矩賢《のりかた》によって設立されました。藩が藩士の子弟の教育のために学校を作ること自体は、当時、別に津和野藩に限ったことではなく、その設立時期も、特に早くも遅くもありません。関ヶ原戦役を経て徳川幕府による統治が始まってから一五〇年以上を経過したこの頃は、武士の役割はもはや戦闘や武術ではなく、優秀な支配層として、学問や知識による官僚の事務能力が問われる時代になっていたので、各藩は家臣の教育に力を入れる必要があったのだと思います。さらに、津和野藩の場合、和紙などの特産品開発にある程度成功してはいたものの、やはり四万三〇〇〇石の基礎財政力は決して強いほうではなく、特に幕末期には、幕府や大藩に匹敵する情報収集力、政治力、交渉力などを担う優秀な人材の育成が不可欠だったと、歴代藩主は痛感していました。実は、藩校設立は、七代藩主の矩貞《のりさだ》のときに計画したのですが、このときには諸般の事情から果たせず、その次代の矩賢が父の悲願を実現したのです。

養老館教育の特色としては、次のような点があげられるでしょう。なお、特色は、主に幕末期に顕著になったものが多く、それまでの期間すべてに当てはまるものでは必ずしもありません。ここでは、養老館の全沿革を通しての特色を述べることとします。まず、第一の特色はその教科設定にあります。養老館も幕藩時代の武士の学校である以上、最初は、徳川幕府が奨励していた朱子学を中心とした教育を行なっていましたが、幕末になって改革を行い、数学（和算）、国学（「津和野本学」と称した）、蘭（医）学に力を入れるようになりました。特に、国学教育とその思想性は、その別称「津和野本学」からも分かるように、一学科にとどまらず、養老館教育全体の、さらには、藩運営自体の指針的なものへと昇華されていきました。また、この津和野独特の国学は、岡熊臣《くまおみ》や大国隆正といった津和野藩出身ながら、中央学会にも劣らないレベルの国学者たちによって指導されました。特に、大国の国学には、国際社会を視野にいれた学問姿勢が顕著にあったことから、養老館の教育風土にも、蘭学を重視するなどの、グローバルな空気が生まれていきました。

次には、特に幕末の藩主茲監《これみ》の強い思いによって、人材登用にあたって、当時常識だった家柄や家格の重視を改め、個人の実力本位による登用を進めたことがあげられます。併せて、藩費による国内留学制度を充実させましたが、留学生の選抜についても、親の身分や業績などによらず、あくまで個人の実力とやる気を重視した選抜を行いました。また、この国内留学制度は、次にあげる、明治政府による「貢進生制度」とのリンクや、廃藩以後の旧藩士子弟にたいする教育環境の整備などにつながっていきます。

維新後も郷土の子弟に奨学金や寄宿舎

もうひとつが、旧藩時代の国内留学奨励策を明治になっても継承・充実させていった様々な手法です。明治政府は、明治三（一八七〇）年に、貢進生制度を設けて、特に洋学を習得させる目的で、各藩から優秀な子弟を東京の大学南校に集めました。津和野藩からは、小藤文次郎が貢進生として上京していますが、この制度はこの一年だけで終了しました。しかし、津和野藩では、これ以前にもすでに述べたとおり優秀な藩士子弟を藩費で国内に留学させていたので、東京への留学や東京の学校への就学にたいする支援制度を充実させていきます。まず、廃藩によって消滅した養老館教育や、藩費国内留学支援を補う方策として、旧藩主亀井家が「培達塾」という私塾を創設しています。この塾は、上京した津和野出身者に学習機会を提供するため、たとえば、大学などの受験を控えた子弟への学習環境・指導の提供などを目的としたものでした。亀井家の津和野への教育投資はさらに続きます。少し時間は経過しますが、明治三十九（一九〇六）年、茲監の孫にあたる亀井茲常の結婚記念事業の一環として、旧津和野藩ゆかりの子弟の学業奨励を目的とした奨学金貸与制度創設と、上京した子弟のための寄宿舎の建設が計画されました。奨学金を貸与する組織の名称は「奨学会」といい、寄宿舎は「菁々《せいせい》塾」と命名されました。運用開始の時期ははっきりしませんが、森鷗外日記の、明治四十二（一九〇九）年九月二十二日に「奨学会理事たることを諾する由亀井伯に申し遣る」とあり、その後の同年十一月には同会の理事に当選したことや、同年十二月に同会に五〇〇円の寄付金を納めたことなども記されているので、奨学会は、明治四十三年の年頭頃に発足したと考えられます。また、寄宿舎菁々塾については、同じく鷗外日記の明治四十三（一九一〇）年五月二十八日に「午後菁々塾を開く式を行ふ。演説す。」とあるので、この日から運用を開始したようです。

　このように、鷗外のようないわゆる津和野出身の名士たちも、理事などの役員として名を連ねたり、寄付金を提供したりして、郷土の子弟教育に少なからず貢献していますが、その根本には、亀井家が私費を投じてこうした事業の基礎づくりを行ったことが、機運の醸成に大きく貢献していることを特記しなければなりません。また、このような組織や制度が、実質的な効果を挙げたことはいうまでもありませんが、東京における郷土出身者のサロン的な関係性が構築され、ひいては濃厚なネットワークとなって、郷土出身者同士の絆を強めていきました。これが、津和野教育の真の力強さの源なのかもしれません。

My 鷗外語録【3】

人の背後にありて、その短処病処をもて談話の資となすこと勿れ、此《かく》の如き言《こと》はわれ賤人のこれを楽み聞くを知る

（36歳／『知恵袋』）

（大意）本人がいないところでその人の短所や弱点を話題にするものではない。心の卑しい人がそういう話を喜んで聞くのだと私は承知している。

My 鷗外語録【4】

私は椋鳥《むくどり》主義と云ふことを考へえた。それはどう云ふわけかと云ふと、西洋にひよこりと日本人が出て来て、所謂《いわゆる》椋鳥のやうな風をしてゐる。非常にぼんやりしてゐる。さう云ふ椋鳥が却つて後に成功します。

（47歳／『混沌』）

第三章
津和野と鷗外

森鷗外は、文久二（一八六二）年、津和野に生まれました。平成二十四（二〇一二）年には生誕から一五〇年目を迎え、この年を中心に、津和野でも様々な記念行事や顕彰事業が行われました。また、平成三十（二〇一八）年は、明治改元からちょうど一五〇年目の年です。そうした様々な歴史の節目や記念イヤーを迎えるにつけ、筆者自身、津和野という土地の風土・文化と、鷗外の関係について、改めて考えてみる必要を感じてきています。それは、筆者が鷗外と同郷だという観点とも深い関連があります。本章では、様々な資料がある中、鷗外と同郷の文化人たちや、鷗外の親族たちが書き残した文章を中心にして、鷗外像に迫ってみたいと思います。

鷗外、その生涯と津和野への回帰

誕生の喜び

森鷗外は、文久二（一八六二）年一月十九日、石見国鹿足郡町田村横堀で、代々、藩の御典医を務める森家の長男として生まれました。現在の住所表記では、「島根県鹿足郡津和野町（大字）町田イ二三〇番地」となります。「大字《おおあざ》」を括弧に入れたのは、平成十七（二〇〇五）年の合併によって現在の津和野町が発足して以降、表記しなくなったからですが、昔の村単位が現在では「大字」に相当することを示すために括弧に入れて表記しました。また、現在は、旧大字名「町田」のすぐ次に番地を表記して、字《あざ》（または小字《こあざ》）は表記しませんが、あえて表記すれば「字横堀」を加えることになるでしょう。お気づきのように、鷗外が生まれた江戸時代の表記では、「津和野」という地名は登場しません。この頃、津和野といえば、津和野藩のことを指しましたが、当時の住所表記には、藩名は使用しなかったので、鷗外生家の住所表記には最初に書いたように津和野は出てこないわけです。さらに、津和野は藩名であると同時に、城下の中心市街地の総称でもありました。津和野が正式な自治体名として最初に使用されるのは、政府が明治二十一（一八八八）年四月に制定した市町村制によって、旧城下の五か村（鷲原村、中座村、町田村、森村、後田村）が統合されて「津和野町」が置かれたときです。なお、実際の津和野町のスタートは、約一年間の準備（町長・町会議員の選挙など）期間を経た翌年四月のことでした（岩谷建三『近代の津和野』昭和五十三年、津和野歴史シリーズ刊行会などによる）。

　鷗外の本名は林太郎。父静男（一八三六〜一八九六／維新前は静泰と称した）は、祖父白仙（佐々田家から森家に養子に入った）の弟子でしたが、才能を認められて白仙のひとり娘峰子（一八四六〜一九一六／ミ子《ね》とも称した）の婿養子に迎えられました。鷗外のあとには、弟の篤次郎（一八六七～一九〇八）と妹の喜美子（一八七〇～一九五六）が津和野で、次弟の潤三郎（一八七九～一九四四）が東京で生まれています。このように森家は、鷗外の祖父・父と二代続けて養子だったので、家人は約一〇〇年ぶりの嫡男子の誕生を大いに喜んだといいます。なお、白仙の妻、於清も長州の木嶋家から嫁に入っているので、白仙・於清夫婦はいわゆる「取り子取り嫁」です。

　鷗外が誕生した頃の様子を、のちに妹の喜美子が著書『森鷗外の系族』（昭和十八年、大岡山書店）に、次のとおり記しています。

> その正月十九日に、母君産の気つき給ひ、健かなる男の子を生み給ふ。これぞ我が兄君なり。神棚に燈明かがやき、祖母君涙さへ落して喜び給ふ。亡き人の旅の日記にも、初孫の顔見ん事を楽むなど、幾たびか記るし給ひつれば、これやがて祖父君の生れかはり給へるよなど云ひつつ、家の人人やうやく愁の眉すこし開きつ。いかで此ちご、よく生《おふ》したててと誰も誰も思ふ。
>
> （「不忘記」）

　これを書いた喜美子は鷗外の妹なのでもちろん伝聞による記述でしょうが、当時の様子がいきいきと描写されています。また、ここにある「亡き人」とは、鷗外誕生の前年に近江国で急病によって客死した祖父白仙のことで、鷗外の誕生の頃はまだ、その死の悲しみが消えていなかったことがよくわかります。それだけに、「健かなる男の子」の誕生が、祖父の生まれ変わりとして格別に喜ばれた様子が伝えられています。

喜美子は続いて、若い母親峰子の初々しい育児の様子も記述しています。

母となり給ひても、まだうら若くましませば、祖母君むねと引受けて育て給ひぬ。男の子の初児とて、あつかひいとむつかしく、夜啼きなどするを、夜も寝ずと云ふさまにて心づかひし給ふ。其頃住みける津和野川のほとり、常盤橋のたもとなる中島と云ふ所を、知りたる人、さ夜ふけて通りかかれるに、ともし火あかあかとして人の打騒ぐけはひす。急病の人もやと立寄りて音なへば、幼なき児をあやすざわめきなりしかば、その事事しさに驚き笑ひて、人にも語りぬとぞ。（「不忘記」）

母峰子を「まだうら若く」と表現しているのは当然で、弘化三（一八四六）年生まれの峰子は、鷗外を生んだ文久二（一八六二）年、まだ十六歳でした。だから、初めての育児に戸惑う娘を母（鷗外の祖母）の於清が「むねと引受け」たのです。また、夜更けに通りかかった人が「どうしたのか」と心配するくらい大げさに夜泣きする子をあやす様子が、とても微笑ましく描写されていますが、このあたりの描写は、名文家として名高い喜美子の実力を垣間見せてくれています。なお、ここに出てくる、「津和野川」「常盤橋」「中島（「なかじま」と発音する）」などの名称や地名は、我々津和野人には今でもなじみ深いものばかりです。特に、常盤橋は、鷗外生家からほんの二、三十mばかり北西の位置に現存する橋で、津和野川を渡って近くの西周旧居に最短距離で行くときには必ず渡る橋です。現在は鉄製で、橋の幅は、人ふたりがやっとすれ違うことができる程狭い橋ですが、鷗外誕生の頃は、町の中心に架かる津和野大橋と同じくらい立派な橋だったようです。その姿は、幕末の津和野藩内の様子を描いた『津和野百景図』に「三十一図常盤橋」と題して描かれているのでよく分かります。ちなみに、『津和野百景図』は平成二十七（二〇一五）年に、津和野町が文化庁の日本遺産に、「津和野今昔～百景図を歩く～」というタイトルで認定された際、そのモチーフとなった、一〇〇枚の絵からなる画帳です。旧藩主家の亀井家から依頼された栗本里治（号は格斎）という旧藩士が絵筆をとりました。

母とともに勉学事始め

鷗外の生涯における最初の勉学については、鷗外が自身の履歴などを記述した『自紀材料』に記述があります。なお、この『自紀材料』の冒頭には、森家の鼻祖玄佐から十一世白仙（鷗外の祖父）までの、祖先たちの氏名と没年月日等が記してあり（「明治九年調査」とある）、その次に、鷗外自身の履歴について、文久二（一八六二）年の誕生から明治四十（一九〇七）年まで記述してあります。なお、鷗外全集第三十五巻（一九八九年、岩波書店）の「後記」によれば、「明治四十一年日記」十一月一日の条に「自紀資料を整理す」という記述があるものの、『自紀材料』自体の「執筆年次は未詳」だということです。（引用元は一九八九年／岩波書店「鷗外全集第三十五巻」）

慶応三年

六歳。

九月五日弟篤二郎生る。

十一月十五日、村田久兵衛に論語を学ぶ。

明治元年

七歳。

三月、米原佐に孟子を学ぶ。

ここに記された年齢は数え年なので、慶応三（一八六七）年の鷗外の満年齢は五歳、明治元（一八六八）年は満六歳です。村田久兵衛とは、藩校養老館教授の村田美実《よしざね》のことで、この村田による論語の教授が、鷗外の生涯で最初の勉学記録であり、したがって村田は鷗外にとって人生最初の勉学の師ということになります。なお、「十一月十五日、……学ぶ。」と書かれていますが、当然のことながら、この日だけ習ったのではなく、この日から学び始めたという意味でしょう。また、米原佐《よねばらたすく》とは、津和野藩士の儒学者、米原綱善《つなえ》のことです。綱善は、津和野藩士の金森家に二男として生まれて、米原家に養子入りしました。綱善の義母於千代は、鷗外の祖母於清の妹ですので、森家と米原家は親戚です。また、綱善の娘思都子《しづこ》は、のちに鷗外の次弟潤三郎の妻になりますので、米原家と森家はとても深い関係にあります。交流も鷗外の生涯を通じて盛んだったことが、鷗外の日記や書簡からもうかがえます。

ところで、綱善の姓の「米原」の読み方について述べておきたいと思います。小堀桂一郎『ミネルヴァ日本評伝選　森鷗外―日本はまだ普請中だ―』（二〇一三年、ミネルヴァ書房）の二ページに「まいばら」とルビが付してあるのを見つけましたが、これは誤りです。その根拠はいくつかあります。まず、地元津和野の史料として、津和野郷土館が所蔵する『明治二己巳正月改諸士名録』（明治二年当時の藩士名簿）をあげたいと思います。この名簿は、藩士の氏名をイロハ順に掲載していますが、「米原綱善」は「ヨ」の項に記載されています。さらに、鷗外の弟で、綱善の娘・思都子を妻にした森潤三郎が、雑誌「墓蹟」第十一輯（昭和三年五月五日、墓蹟発行所、非売品）に寄せた「郷土名家の墳墓（上）」という文章で、米原家の系譜を次のように説明しています。

米原家は宇多源氏佐々木源三秀義の長子太郎定綱の後裔で、定綱十四代の孫を佐々木六角左近大夫定頼といひ、天文十五年足利義輝の管領職となった。定頼の甥で養子となった志摩守治綱近江国米原村を領し、始て米原氏を称した。地名はマイバラ（今北陸線の分岐点米原／原注）であるが、姓はヨネバラと訓むのである。（以下略）

また、傍証としても、津和野町に五十年以上住んでいる筆者が郷土史に詳しい古老などから聞いている限りにおいても、綱善の姓を「まいばら」と読んだという記憶はありません。このことは決して「重箱の隅」や「揚げ足取り」ではないと考えます。日本近代文学研究界において最も著名な研究者のひとりである小堀桂一郎が、鷗外研究の集大成として世に問うた（と想像する）著書における「まいばら」というルビ表記は、今後、この記述を根拠として「まいばら・つなえ」が正しいと主張する研究者が出ないとも限らない、と思うからです。そして、それが津和野に関する事項でもあることから、津和野在住の立場からは看過できず、本書によって明確に訂正しておきたいと思います。

さらに、米原綱善に関連する話題として、しばしば取り上げられる、綱善の実兄、金森一峰《かずね》について触れておきます。一峰は、明治初頭、津和野城下の光琳寺跡で行われたキリシタン改宗に直接あたった中心的な役人です。鷗外はその膨大な著述量にもかかわらず、幼い日に津和野で目にしたはずのキリシタン迫害について一字も記していません。そこで、鷗外はなぜ生涯にわたって津和野のキリシタン迫害について沈黙したのか、を考察する研究者は少なからずいますが、その原因を、キリシタン吟味役人の金森一峰と米原綱善の関係に着目して、それを鷗外がキリシタンについて著述しなかったことの要因ではないかと最初に指摘したのは、山崎国紀（『森鷗外——基層的研究』平成元年、八木書店による）です。しかし、これに関しては別の見方もあります。ドイツ・フンボルト大学教授兼ベルリン森鷗外記念館長（二〇一四年三月に退職）のクラウス・クラハトは、この点に関して、著書『鷗外の降誕祭《クリスマス》　森家をめぐる年代記』（二〇一二年十二月、NTT出版、克美・タテノ＝クラハトと共著）で、次のように記しています。

（鷗外がキリシタン迫害に関して／筆者注）生涯、沈黙し続けた背景には、国家権力の道具化、故郷の人びとの見て見ぬふりや諦念、無力感、そして何よりも津和野人としての罪悪感、羞恥心からとする考察もある。

このようにクラウス・クラハトは、金森や綱善との親戚関係に基づく気がねや配慮よりも、津和野人として、また近代文化人としての罪悪感・羞恥心をより重視した見方を支持しています。

話を鷗外の幼年期に戻しましょう。こうして鷗外は満六歳から「孟子」を学ぶために、祖母に付き添われて米原家に通い始めます。自宅からの距離は約二㎞、六歳の子供にとっては決して近くはなかったでしょう。この頃の米原家での学習の様子について、綱善の娘、思都子が後年次のように語っています。

漢文は申すまでもなく、私の父が教えておりました。その頃には、講釈とか素読とかいって、一日は素読、翌日は講釈というのがあります。一般の子供には、組を分けてするのでございます。ところが鴎外さんは、講釈というのがいらなかったそうです。唯、読んであげると、納得がいく。父も二度と尋ねられることがないというような偉さぶりで、(中略) 暇さえあれば、難しい本をひろげて、読みほぐしたというのです。

(内藤正中・森澄泰文編著『津和野郷土誌』昭和六十三年、松江文庫　なお、引用文中「鴎」は原文のまま)

藩校「養老館」へ入学

鷗外は、明治二(一八六九)年、満七歳になると藩校養老館に入学しました。この頃、鷗外の聡明さは神童と呼ばれるほど際立ち、母峰子は鷗外の勉強をみてやるために密かに読み書きを習い始めます。というのも、峰子は、「女に学問は必要ない」という父白仙の教育方針によって、読み書きができなかったからです。こうした峰子の我が子の勉強に対する熱心さや賢母ぶりについては、潤三郎が著書『鷗外森林太郎』(昭和十七年、森北書店)に克明に記しています。

父（静男／筆者注）は藩命で蘭医方を学ぶために、（中略）兄の復習の監督は母の任であつた。祖父は人と生れて学問が無ければ朽木糞墻《きゅうぼくふんしょう》（「墻」は「牆」の俗字で垣根のこと。「朽木糞墻」は朽ちた木、腐った垣根の意。ここでは教育を施しても無駄なつまらない人間のたとえ／筆者注）にも劣るといふて門人を戒めても、女子は家事裁縫さへ出来れば、文字などは知るに及ばないといふたが、母は窃《ひそか》に祖母木島氏清子に乞ふて伊呂波から始めて、兄が米原氏に通ふ頃には仮名付きの四書が読めるやうになつたから、それを再三熟読暗誦して復習を監督するので、兄が寝てから遅くまで翌日の分を勉強する苦心は並大抵では無かつたと、後日屡ば聞かされた。（「1出生より上京まで」）

現代的に表現すれば、たいへんな「教育ママ」ぶりですが、文字が読めなかったハンディ・キャップを克服して、夜遅くまで勉強をしてでも息子の学習をみてやる峰子の努力には、いくら母親とはいえ脱帽せざるを得ません。こうした峰子の教育熱心さについてはまた、津和野出身の劇作家中村吉蔵が、『学術随筆第七巻演劇独語』（昭和十二年、東苑書房）に、鷗外の師である米原綱善から聞いた話として次のように書き留めています。

翁（綱善のこと／筆者注）は「林太郎に四書五経を教へた事がある（中略）、母は実に賢母で、今にこの子は怜悧な人になると常に激励して止まなかつた、家を東京に移して、学問の機会を与へ、後年の鷗外たる素地を作らせたのも、全くこの母の賜である」といふやうな事を聞かされた、賢母として知られた、鷗外氏の母は、この人を生んだ上に、更にかくまで立派に作り上げた功労者であるに違ひない。

（「鷗外氏の故郷から」／句読点原文のまま）

ところで、前述の潤三郎の記述によれば、峰子に文字を教えたのは峰子の母於清だということが分かります。筆者は、このことを少し不思議に思いました。というのは、峰子は石見の武士の娘ですが、父親（白仙）の教育方針で文字を教えてもらえませんでした。一方、於清は長州地福の豪農、木嶋家で生まれました。苗字をもつほどの豪農だとはいえ、当時の身分では於清は農民の娘です。つまり、長州では農民の娘が文字を教育されていた一方で、石見では武士の娘であっても場合によっては、文字を習わないこともあった、ということになります。そこで、当時の長州は、庶民や女子に対する教育が進んでいたのではないか、という仮説が思い浮かぶわけですが、こうした点を考えるとき、念頭に浮かぶ人物が二人います。まずひとりは、長州山口吉敷出身の成瀬仁蔵（一八五八～一九一九）です。成瀬は、長州藩の下級武士の子ですが、維新後に小学校教員となり、その後、アメリカに留学。帰国すると牧師活動の傍ら、『女子教育』（一八九六）を著して、当時は女性にとって有害であるとさえ考えられていた教育の必要性を力説しました。明治三十四（一九〇一）年、大隈重信（一八三八～一九二二）や広岡浅子（一八四九～一九一九）らの支援を得て、日本初の女子高等教育機関、日本女子大学を創設しています。もうひとりは、最後の長州藩主だった毛利元徳の正室、安子（一八四三〜一九二五）です。彼女は維新後、華族として女性教育や慈善活動に力を注ぎ、明治二十三（一八九〇）年からは大日本婦人教育協会の会長も務めるほど、女性教育の普及に熱心でした。このように、明治初期の日本が近代化に向けて大きく変革する時期に、特に女性教育の分野で活躍した二人の人物が、いずれも長州出身であるというのは、単なる偶然でしょうか。この二人以外にも、吉田松陰（一八三〇〜一八五九）も女子教育には心をかけていた（浅沼アサ子『吉田松陰の女子教育論に関する考察』、一九九九年、「東京家政学院大学紀要第三十九号」ほか）、ともいわれることなどを考えると、長州には元来、女子教育を育もうとする文化風土があったのではないでしょうか。鷗外の祖母於清が、娘峰子に文字を教えたことは、その象徴だったのかもしれません。この件については、幕末期の長州における庶民教育の普及度や女子就学率などについての計数的調査を含め、今後、さらに探求してみたいと思います。

こうした熱心な母の指導のためか、鷗外は、幼い頃からほかの子供と外で遊ばないような本の虫だったと、鷗外自身が後年『サフラン』（大正三年三月一日発行の雑誌「番紅花」第一巻第一号、のち『妄人妄語』所収）という文章で回想しています。

私は子供の時から本が好だと云はれた。少年の読む雑誌もなければ、巌谷小波君のお伽話もない時代に生れたので、お祖母さまがおよめ入の時に持つて来られたと云ふ百人一首やら、お祖父さまが義太夫を語られた時の記念に残つてゐる浄瑠璃本やら、謡曲の筋書をした絵本やら、そんなものを有るに任せて見てゐて、凧と云ふものを揚げない、独楽と云ふものを廻さない。隣家の子供との間に何等の心的接触も成り立たない。そこでいよ〳〵本に読み耽つて、器に塵の附くやうに、いろ〳〵の物の名が記憶に残る。

(引用は岩波版『鷗外全集』第二十六巻、一九八九年)

また、鷗外の長男森於菟《おと》(一八九〇〜一九六七)も、『父親としての森鷗外』(一九六九年、筑摩書房)に次のように記しています。

時には幼い林太郎の友達が家を訪ね、国言葉で「林(りん)さあ遊ぼうやあ。」と誘いかけても、父はいつも机の前に坐って読書か習字をして居り祖母がかたわらにつき添っているので逃げ帰り、家人から「林さあを見んされえ。」とたしなめられたと伊藤翁は私に述懐された。

(「鷗外の母」)

これは、津和野人の「伊藤翁」が於菟に語ったものをもとにしていますが、記録した於菟も東京生まれとはいえ、常々津和野言葉に親しんでいたと思われるので、津和野言葉がいきいきと表現されています。情景も、母に付き添われて勉強ばかりしている幼い鷗外の様子と、その鷗外と近所の子供とのコントラストが際立った描写です。なお、この伊藤翁とは、鷗外の幼なじみで、町内の薬種問屋高津屋伊藤博石堂の五代目当主、伊藤利兵衛のことです。森家と伊藤家は、医家と薬屋として親交が深く、鷗外は高津屋秘伝の和漢胃腸薬「一等丸」の名付け親だとも、愛用者だともいわれています。また、五代目利兵衛の長男治輔（六代目利兵衛）に嫁いだ三浦シゲは、のちに離婚して上京し、念願の女優、伊沢蘭奢としてデビューした女性です。彼女の実子が津和野出身の作家伊藤佐喜雄（一九一〇〜一九七一／第二回芥川賞候補作家）で、名著といわれる鷗外評伝『森鷗外』（昭和十九年、大日本雄辯會講談社）を著しています。本章では、同書から佐喜雄の言葉を何度も引用することになります。

藩主の目にとまった秀才ぶり

養老館に入学しても秀才ぶりを遺憾なく発揮した鷗外は、漢籍試験の成績最優秀者に対する褒賞として、明治二（一八六九）年に四書正文を、同三年に四書集注をそれぞれ受け、その神童ぶりはついに藩主の耳にも届くところとなりました。そのあたりについて、伊藤佐喜雄が著書『森鷗外』で次のように述べています。

藩主亀井茲監は、つとに新時代の到来を察し、ますます人材の必要を感じてゐたが、養老館や城中で噂の高い鷗外の秀才ぶりを耳に入れて、東京の西周《にしあまね》のもとへ送つて今後の教育をうけさせたいと思つた。その旨の内命を清水に授けたのである。（「上京」）

亀井茲監《これみ》は、津和野藩最後の藩主で、幕末の動乱期に津和野藩を導いた名君といわれています。引用文もあるように、特に人材の育成を重要視していたことで知られています。また「清水」とは、藩の側用人清水格亮《ただすけ》のことです。格亮は、日本の近代紡績業を牽引した山辺丈夫の実父です。

こうして、鷗外の優秀さを目に留めた藩主自らが、当時すでに著名な学者だった西周のもとへ鷗外を送って、より高度な学問を修めるように勧めました。しかし、鷗外の父静男は、この勧めをたいへん喜びながらも辞退しています。なぜなのでしょうか。伊藤佐喜雄は、そのときの静男の心情について、同書で次のように推測しています。

今こそ神童の名を謳はれてこそ居れ、まだ資性定まらぬ幼児の将来を、見極め難いものに思つたのかもしれぬ。もし林太郎にして業を果たすことができず、主命に反くやうなことがあつては一大事である。（『森鷗外』「上京」）

これは、静男が直接語ったものではなく、あくまで佐喜雄の推測ですが、おそらく静男の真意はこれに近いものだったのではないでしょうか。そして、佐喜雄はさらに静男の心情を次のように掘り下げて考察しています。

（静男の心情は／筆者注）主恩と家名との無瑕のためには、あくまで省み慎まうとする封建の心情である。封建の最後の士風は、功をいそぐことよりも、むしろ過ちなくて随ふことを第一義としたのである。（『森鷗外』「上京」）

我が子や家名の功を急がず「過ちなくて随ふことを第一義」とした静男の心情を、佐喜雄は「封建の最後の士風」と表現しています。これは、封建から近代へ移ろうとする時代の中で、失われつつある、いわば「スピリッツ・オブ・ラスト・サムライ」を固持する静男の心情を的確に表現した言葉ではないでしょうか。そして、その静男の精神性は、確実に鷗外へも継がれていったと、筆者は考えます。

明治三（一八七〇）年、満八歳になった鷗外は、蘭医である父からオランダ語を学び始めますが、これが鷗外の生涯で最初の外国語学習です。このオランダ語学習は父の考えによるものですが、これは、ちょうどこの頃（明治二年十一月から翌年三月にかけて）、藩主の求めに応じて帰郷し、藩の教育改革などを推し進めていた西周の影響にもよると思われます。当時、沼津兵学校校長の要職にあった西周は、鷗外の三十三歳年長で、森家と西家は親戚でもあり、オランダ留学を経て、当時としては最高の学業を修め、すでに日本を代表する学者のひとりとなっていました。そんな周の発する一言一句や、自信に満ちた表情は、幼いながらも勉学で身を立てようという志をもっていた鷗外の目には、憧れの対象として映ったのではないでしょうか。また周のほうも、養老館で秀才の名をほしいままにしていた鷗外の将来を嘱望していたので、鷗外に（実際には父静男に）直接、東京で勉学することを勧めたといわれています。静男は、この周の誘いも藩主のときと同じ理由で断ったようですが、このわずか二年後の十歳のときに、実際に上京することになります。鷗外の資質が、藩主だけでなく、当時の最先端をいく大学者の目にもかなったことが、父の決断の後押しをしたということなのでしょう。なお、周と鷗外をめぐる諸人の見方については、のちに述べたいと思います。

上京、東大入学、そして陸軍入り

明治五（一八七二）年六月、父と二人で上京した鷗外は、同年十月からドイツ語学習のために「進文学社」に入学し、同時に西周邸に下宿しました。明治七（一八七四）年、第一大学区医学校（のちの東京大学医学部）予科に入学しましたが、このとき規定年齢に達していなかったため、願書に「万延元（一八六〇）年生まれ」と、実際より二歳年長となる生年月日を記載し、以後、公式にはこれに従いました。明治十（一八七七）年に本科生となり、明治十四（一八八一）年七月、十九歳で東京大学医学部を卒業しています。十九歳での東大卒業は、現在まで、そしておそらく将来も破られることのない「最年少記録」です。ただし少々フライング気味ですが。鷗外は、卒業後、文部省からの官費海外留学を望んでおり、そのためには、卒業成績順位が一位ないしは二位であることが必要でしたが、鷗外は、二十三人中八位だったためにこれを果たすことはできませんでした。そのため、約半年間、父静男が営む橘井堂医院（静男は明治十二年六月に千住で医院を開業していた）を手伝ったりしたのち、同年十二月に陸軍入りし、ここから軍医としての生涯がスタートします。

ドイツ留学とエリーゼ

明治十七（一八八四）年六月、鷗外は、念願のドイツ留学の切符を手にします。同年八月二十四日に横浜港を出発し、十月十一日にはベルリンに到着しています。ドイツでは、ライプツィヒ、ドレスデン、ミュンヘン、ベルリンと場所を移しながら、医学だけでなく西欧文化のエッセンスを吸収し、青春を謳歌しました。このドイツ留学に由来する著述や作品としては、日記が『航西日記』（明治十七年八月二十三日から同年十月十一日まで）、『独逸日記』（明治十七年十月十二日から同二十一年五月十四日まで）など、小説では『舞姫』（明治二十三年）、『うたかたの記』（同年）、『文づかひ』（明治二十四年）のドイツ三部作など、詩では『扣鈕』（明治四十年刊行『うた日記』に所収）などがあります。また、夭折の天才画家原田直次郎との友情や、ナウマン博士との論争など、ドイツでのエピソードは少なくありません。

約四年間の留学を終えて帰国の途に着いた鷗外は、明治二十一（一八八八）年九月八日に横浜港に到着しましたが、このわずか四日後、ドイツ女性エリーゼ・ヴィーゲルトが鷗外を追うかのように横浜に到着しています。当時としてはたいへんスキャンダラスなこの出来事に、森家は騒然となりましたが、結局、女性は約一か月間の滞在ののち、ドイツに旅立っていきました。このいわゆる「エリーゼ事件」の詳細については、これまでも多くの研究者によって、さまざまな調査や考察がなされてきました。例えば、この女性と鷗外は結婚の約束をしていたのではないかという説や、鷗外は生涯この女性と文通をしていた、という説などです。しかもそれらを実証するにしても否定するにしても容易ではなく、研究者の間では常に話題に事欠かない状況が続いていました。そんな中、鷗外がドイツ留学から帰国して一二三年を経た平成二十三（二〇一一）年になってようやく、ベルリン在住の六草いちかによって、このドイツ女性のより詳細な情報が明らかにされました。六草いちかの労作『鷗外の恋　舞姫エリスの真実』（二〇一一年、講談社）には次のようにあります。

エリーゼのフルネームは、Elise Marie Caroline Wiegert（エリーゼ・マリー・カロリーネ・ヴィーゲルト）。一八六六年九月十五日、シュチェチン生まれ。早朝四時半に産声を上げた。／父親フリードリッヒは、ベルリンの銀行家クップファーの下で、“Kassendiener（カッセンディーナー）”に従事。住所はクライネ・リッター通り一番地となっている。

（「エリーゼの実像」）

このように、一二〇年以上もの間、多くの研究者が完全には突き止められなかった、ドイツでの「鷗外の恋人」とされる女性の詳細な姿が、六草いちかの徹底調査によって示されました。なお、「カッセンディーナー」とは、同書によれば、現代にはない職業で、銀行の出納係のような職業ではないか、とのことです。また、六草いちかは、その後も調査を進め、数々のさらなる新事実を見出し、平成二十五（二〇一三）年九月には、『それからのエリス――いま明らかになる鷗外「舞姫」の面影』を講談社から発表しています。そして、その中には、なんと、誰もが一度は見てみたいと思っていた、鷗外が愛し、小説『舞姫』のモデルとされている女性、エリーゼの写真まで紹介されています。ただし、写真はエリーゼが四十代から五十代前半と思われるもので、可憐な少女の面影ではなく人生経験豊かな中年女性の姿です。なお、筆者は、六草いちかがこの二冊目の著書の取材のために日本に里帰りした際に、東京での調査（国立国会図書館と東京大学）に同行する機会を得ました。そのときの調査では、残念ながら目的とした情報を得ることはできませんでしたが、同著書にはそのことが若干紹介されています。

鷗外はこのドイツ留学によって、医学以外にも多くのものを得たと先にも書きましたが、その中でもやはり、エリーゼとの出会いと別れが、のちの鷗外の文学活動に少なからぬ影響を与えた出来事であることは間違いないでしょう。その最も端的な形が、その発表によって鷗外を作家としてスタートさせた処女小説『舞姫』なのです。したがって、筆者は、鷗外とエリーゼの「事件」は、単なる私的ゴシップやスキャンダルではなく、森鷗外という近代文学の巨星を誕生させた、「文学事件」だと捉えています。

作家・鷗外の誕生

鷗外は、帰国した翌年の明治二十二（一八八九）年三月、西周夫妻の肝いりによって、海軍中将赤松則良の長女登志子と結婚しました。鷗外二十七歳、登志子十八歳のときです。ここで注目すべきは、この婚儀の結納が、明治二十一（一八八八）年十一月、つまり、ドイツ女性エリーゼの帰国からわずか一か月後に交わされたということです。これによっても、鷗外周辺の「エリーゼ事件」に対する慌て振りが想像できるように思います（ただし、この縁談話自体は鷗外の帰国以前からもちあがっていた）。そして、この性急さが、たった一年での離婚という不幸な結末の遠因のひとつだったのかもしれません。結婚の翌年（明治二十三年）九月には、長男於菟が誕生しますが、それを待っていたかのようにして、鷗外と登志子は同年十月に離婚しています。この離婚を聞いた西周は不快感を表わしたといわれています。この鷗外と登志子の婚儀は、周の媒酌だったうえに、新婦登志子の父赤松則良と周は、オランダ留学を共に体験した、生涯の親友でもあったからです。また、離婚の件だけでなく、ドイツ女性エリーゼの件を周に速やかに報告していなかったことも、その要因のひとつだったようです。

帰国直後の鷗外の仕事をみると、医学の面では、保守的な医学界に反発して、啓蒙的批評活動を盛んに展開しています。また、文学の面では、ゴットシャルの『小説論』を読売新聞に発表（明治二十二年）したり、雑誌「国民之友」に訳詩集『於母影』（同年）や処女小説『舞姫』（明治二十三年）などを発表しています。作家・鷗外の誕生です。ほかには、東京美術学校解剖科講師（明治二十二年七月より）や、慶応義塾大学審美学講師（明治二十五年九月より）として教壇にも立っています。

その後、明治二十六（一八九三）年十一月に一等軍医正及び陸軍軍医学校長となり、明治二十七（一八九四）年八月に日清戦争が勃発すると、鷗外も大陸や台湾に出征し、翌年十月帰国しています。日清戦争は、鷗外にとってはもちろん、日本にとっても維新以後最初の挙国的対外戦争でした。この出征によって、少し前（明治二十五年九月頃）から着手していたアンデルセン作『即興詩人』の訳出は中断を余儀なくされ、脱稿までには九年を費やすことになります。

充電の小倉時代

明治三十二（一八九九）年六月、鷗外にとって戦争出征以上に大きな出来事がありました。突然の小倉転勤命令です。当時、近衛師団軍医部長や陸軍軍医学校長だった鷗外を、小倉に新設された第十二師団の軍医部長に補す、とした人事異動を当局が発表したのです。この人事を鷗外自身は左遷だと受け取り、一時は陸軍の退職を本気で考えたといわれています。それでもやはり発令にしたがって小倉に赴任し、明治三十五（一九〇二）年三月までの二年九か月の間、小倉生活を経験します。この小倉時代は、鷗外にとって不満を抱きながらも耐える「雌伏の時代」だったともいえますが、一方で、案外多くの収穫を得ることができた「充電の時代」でもあったようです。なぜなら、若きドイツ語学者福間博、曹洞宗の僧侶玉水俊虠《たまみずしゅんこ》、フランス人宣教師ベルトランなど、多くの魅力ある友との出会いがあったことや、中央の雑音から少し距離をおくことによって時間と気持ちにゆとりが生まれ、じっくりとクラウゼヴィッツの「戦論」の講義に取り組んだり、中断していたアンデルセンの『即興詩人』の訳出に専念できたからです。なお、『即興詩人』は小倉時代に翻訳を終え、明治三十五（一九〇二）年九月に春陽堂から刊行され、名訳として高い評価を得ています。

軍医の最高位と豊熟な作家活動

鷗外が小倉を離れる二か月前の明治三十五（一九〇二）年一月、大審院判事荒木博臣の長女志げと結婚しました。鷗外四十歳、志げ二十二歳、互いに再婚でした。また、志げは、鷗外が友人に「少々美術品ラシキ妻」と報告したほどの美女で、そのことは残っている写真でもうかがい知ることができます。小倉での二人きりの新婚生活はわずか二か月でしたが、この期間が鷗外夫妻にとって、もっとも甘く幸せなときだったのかもしれません。なお、鷗外の小倉での日々は、『小倉日記』（明治三十二年六月十六日から同三十五年三月二十八日まで）によって、その様子の一端を知ることができます。

東京に帰ってからは、私生活では明治三十六（一九〇三）年一月に長女茉莉《まり》が誕生していますし、軍医として多忙な生活を送っています。明治三十七（一九〇四）年三月には、日露戦争に出征しますが、この陣中で『うた日記』を作り、明治三十九（一九〇六）年一月には、無事凱旋を果たしています。

明治四十（一九〇七）年、四十五歳のときには軍医としての最高位である陸軍軍医総監、陸軍省医務局長に就任し、文筆活動においても、最も創作意欲の盛んな時期に入っていきました。こうして鷗外は、体力、知力、地位、家庭生活などのすべてにおいてもっとも充実した壮年期を迎え、のちに木下杢太郎（一八八五〜一九四五／医学博士・詩人・劇作家）は「豊熟の時代」と呼んでいます。この時期の主な執筆の舞台は、明治四十二（一九〇九）年に吉井勇（一八八六〜一九六〇／歌人・脚本家）らが創刊した雑誌「スバル」でした。鷗外はほとんど毎号に寄稿しています。その中からひとつ、同年発表の『ヰタ・セクスアリス』を紹介します。この作品は、金井湛《しずか》という哲学者を主人公にした小説の体裁をとっていますが、鷗外自身の性欲史を描いた自伝的作品でした。その内容から多くの話題や批評を集めましたが、ついに発禁処分を受けるに至っています。現役の軍医総監の発禁処分は、当時では相当センセーショナルな出来事だったと想像できます。

一方で、この『ヰタ・セクスアリス』は、鷗外自身の自伝的要素を多く含んでいるので、全作品の中で、幼少期を過ごした津和野に関する記述が最も多い作品でもあります。例えば、次の一節などは、津和野の鷗外生家の様子や当時の森家の状況をほぼ正確に描写していると思われる部分です。

お父様は藩のとき徒士《かち》であつたが、それでも土塀を繞らした門構の家に丈は住んでをられた。門の前はお濠《ほり》で、向うの岸は上《かみ》のお蔵である。

(引用は岩波版『鷗外全集』第五巻、一九八七年)

さらに、津和野地方で古くから盛んに行われている盆踊りの詳細な描写も見られます。次がその一部です。

僕の国は盆踊の盛《さかん》な国であつた。／旧暦の盂蘭盆《うらぼん》が近づいて来ると、今年は踊が禁ぜられるさうだといふ噂があつた。併し県庁で他所産《たしようまれ》の知事さんが、僕の国のものに逆《さから》ふのは好くないといふので、黙許するといふ事になつた。／内から二三丁ばかり先は町である。そこに屋台が掛かつてゐて、夕方になると、踊の囃子《はやし》をするのが内へ聞える。踊を見に往《い》つても好《い》いかと、お母《かあ》様に聞くと、早く戻るなら、往つても好いといふことであつた。そこで草履を穿《は》いて駆け出した。／(中略)踊るものは、表向は町のものばかりといふのであるが、皆頭巾で顔を隠して踊るのであるから、侍の子が沢山踊りに行く。中には男で女装したのもある。女で男装したのもある。頭巾を着《き》ないものは百眼《ひやくまなこ》といふものを掛けてゐる。(中略)／大勢が輪になつて踊る。覆面をして踊りに来て、立つて見てゐるものもある。見てゐて、気に入つた踊手のゐる処へ、いつでも割り込むことが出来るのである。(引用同)

なお、ここに描写された盆踊りは、津和野地方では古くは「ヨイヤナア」と、現在では「津和野踊り」または「津和野盆踊り」などと呼ばれている踊りで、四〇〇年以上の歴史をもち、現在でもこの一帯で盛んに踊られています。その独特の衣装や、室町時代までさかのぼるとされる古い踊りの型をよく保存していることから、高い稀少性が認められて、昭和三十七年に島根県民俗文化財に指定されています。特に、頭からすっぽりと顔を覆う「御《お》高祖頭巾《こそずきん》」と呼ばれる黒い頭巾（ほとんど覆面といってもいい）が特徴的ですが、鷗外も引用部で「皆頭巾で顔を隠して」と、この頭巾について描写しています。なお、この『ヰタ・セクスアリス』を主な対象とした、鷗外の伝記的研究の代表的なものに、長谷川泉（一九一八〜二〇〇四／森鷗外・川端康成研究家）の『鷗外「ヰタ・セクスアリス」考』（昭和四十三年、明治書院）、『続鷗外「ヰタ・セクスアリス」考』（昭和四十六年、明治書院）の連作があり、鷗外の津和野時代及び鷗外と津和野の関係性を研究する上での必読書です。

このほか、鷗外のこの頃の作品としては、『青年』（明治四十三年）、『雁』（明治四十四年〜大正元年）などの話題作を「スバル」誌上に連載しています。また、明治四十（一九〇七）年三月には、鷗外邸を会場とした歌会「観潮楼歌会」を始めています。この歌会は、明治四十三（一九一〇）年四月まで、毎月第一土曜日に、佐佐木信綱、伊藤左千夫、与謝野鉄幹らを中心とする二十数名の歌人が参集して開催されました。会には若き日の石川啄木など若手歌人も多く、のびやかで活気ある雰囲気だったといわれています。こうした活動を通じて鷗外がこの時期の歌壇に与えた影響も少なくありません。

こうした鷗外の文学に転機が訪れたのは、明治天皇の崩御と、乃木希典《まれすけ》陸軍大将の殉死が契機だとされ、以後、歴史小説に傾倒していき、『興津弥五右衛門の遺書』（大正元年）、『大塩平八郎』（大正三年）、『山椒太夫』（大正四年）、『高瀬舟』（大正五年）などの話題作、名作を次々と発表しました。

陸軍退役、そして史伝の世界へ

大正五（一九一六）年四月、五十四歳で陸軍を退職すると、鷗外の文学は、歴史小説からさらなる新領域である「史伝」の世界へと到達します。鷗外の歴史小説と史伝の関係を、山崎一穎（跡見学園理事長／跡見学園女子大学名誉教授／津和野町立森鷗外記念館館長）は、その著書『森鷗外明治人の生き方』（二〇〇〇年、ちくま新書）の中で次のように解説しています。

鷗外の歴史小説が乃木殉死に触発されて生み出されたように、鷗外の文業の最高峰に位置する史伝（伝記文学）は、官界からの引退というドラマと共に拓かれていく。

（「第八章晩年の輝き――歴史小説、史伝の世界」）

また、石川淳（一八九九～一九八七）も、鷗外の史伝小説の代表的二作『渋江抽斎』（大正五年）と『北条霞亭』（大正六年）を評して、

「抽斎」と「霞亭」といずれを取るかといえば、どうでもよい質問のごとくであろう。だが、わたしは無意味なことはいわないつもりである。この二篇を措いて鷗外にはもっと傑作があると思っているようなひとびとを、わたしは信用しない。「雁」などは児戯に類する。「山椒大夫」に至っては俗臭芬芬《ふんぷん》たる駄作である。「百物語」の妙といえども、これを捨てて惜しまない。

（『森鷗外』一九七八年、岩波文庫）

と、作家一流の少々乱暴かとも思える論調で、この史伝二作が鷗外文学の最高到達点であると位置づけています。この二作以外の史伝作品には、『伊沢蘭軒』（大正五～六年）、『細木香以』（大正六年）などがあります。なお、石川淳は、東京出身で、無頼派、独自孤高の作家と呼ばれ、昭和十二（一九三七）年、『普賢』で第四回芥川賞を受賞して本格的に作家活動に入り、小説、評論、江戸文学研究などで活躍しました。代表作は、『焼跡のイエス』

（一九四六年）、『至福千年』（一九五六年）、『狂風記』（一九八〇年）など。一九四一年に発表した評論『森鷗外』は、鷗外における史伝の意味を明確に位置づけ、以後の鷗外作品論を牽引するものとなった、との評価がなされています。

死に臨んで

大正六（一九一七）年十二月、鷗外は宮内省帝室博物館総長兼図書頭《ずしょのかみ》に就任しました。帝室博物館は、東京、京都、奈良の三か所にあり、この三館と正倉院の統括責任が職務だったので、在職中は度々奈良へ出張しています。また、大正八（一九一九）年には、帝国美術院の初代院長にも就任しました。執筆活動では、史伝作品のほかに、歴代天皇の諡《おくりな》を考証した『帝諡考』を刊行（大正十年）し、続けて日本の元号を考証する『元号考』の執筆に着手していますが、これが鷗外の未完の絶筆となりました。

この頃の私的な出来事としては、大正七（一九一八）年一月に長男於菟が結婚し、翌八年に初孫真章《まくす》が誕生しました。また、大正八年十一月には、愛娘の長女茉莉がフランス文学者山田珠樹に嫁いでいます。

一方、大正七（一九一八）年（五十六歳）頃からは、体調を崩して床に臥すことが多くなりました。大正十一（一九二二）年に入ると、ますます病臥することが多くなり、六月十五日からはついに欠勤しました。それまでは自らが医者だったこともあり、他の医者による診察を拒否していましたが、六月二十九日に初めて医者の診察を許します。七月六日には、「気分が好いから」と、終生の親友賀古鶴所《かこつるど》を病床に呼んで、「余ハ少年ノ時ヨリ」で始まる、本文全十九行の遺言を口述筆記させています。そして、その三日後の七月九日午前七時、静かに息を引きとりました。享年六十歳でした。病名は公式には「萎縮腎」とされていますが、肺結核の可能性が高いようです。

遺言の本文は次のとおりです。（引用は岩波版『鷗外全集』第三十八巻、一九九〇年）

> 余ハ少年ノ時ヨリ老死ニ至ルマデ一切秘密無ク交際シタル友ハ賀古鶴所君ナリコヽニ死ニ臨ンテ賀古君ノ一筆ヲ煩ハス死ハ一切ヲ打チ切ル重大事件ナリ奈何ナル官憲威力ト雖此ニ反抗スル事ヲ得スト信ス余ハ石見人森林太郎トシテ死セント欲ス宮内省陸軍皆縁故アレドモ生死別ルヽ瞬間アラユル外形的取扱ヒヲ辞ス森林太郎トシテ死セントス墓ハ森林太郎墓ノ外一字モホル可ラス書ハ中村不折ニ依託シ宮内省陸軍ノ栄典ハ絶対ニ取リヤメヲ請フ手続ハソレゾレアルベシコレ唯一ノ友人ニ云ヒ残スモノニシテ何人ノ容喙ヲモ許サス／大正十一年七月六日／森林太郎言（拇印）／賀古鶴所書

墓標石は、遺言どおり画家の中村不折（一八六六〜一九四三）の書で「森林太郎墓」とだけ刻まれ、東京向島の弘福寺に建立されました。なお、弘福寺は鷗外の死の翌年に起きた関東大震災で全焼し、墓地の管理が困難となったため、昭和二（一九二七）年に三鷹の禅林寺に改葬されています。また、昭和二十八（一九五三）年には、生誕地の津和野町永《よう》明寺《めいじ》にも分骨埋葬され、ここにも禅林寺と同じ墓標石が建立されました。これをもって、遺言に記された「石見人森林太郎」の言葉どおり、鷗外は故郷の土に永遠の里帰りを果たしたといえるでしょう。なお、鷗外の遺言についての考察は後述します。

津和野人の見る鷗外と西周

前出の劇作家中村吉蔵は、鷗外が執筆した『西周伝』を読んで、その中から一つの発見をしたとして、『学術随筆第七巻演劇独語』（前掲書）に次のように書いています。

> （『西周伝』の／筆者注）編者の鷗外氏と、書中の西周氏とが、各々互に特色を持つてゐながら、而も酷く似寄つた方面がある、少くとも自分の頭には西周氏と鷗外氏とが屢ゝ異名同人のやうな気持のした瞬間さへあつた、それを一の発見だといふのである、それが誇張だといへばそれまでだ。
>
> （「鷗外氏の故郷から」／句読点原文のまま）

また、『津和野町史第一巻〜三巻』（昭和四十五年〜平成元年、津和野町）の執筆編集を担当した沖本常吉（一九〇二〜／津和野の郷土史家）も次のような言葉を残しています。

われわれは津和野の文化的象徴として、西周・鷗外が共に明治文化の先駆者として、その果した啓蒙的役割は見逃がすことはできないであろう。（中略）そしてこの二大人物を異名同人といって差支えない程、これを切離して語ることを不可能にしている。／在る人が、若しこの二人の人物を二重写しにして、一枚の肖像画に描けば、それは左から眺めれば西周に見え、右から眺めれば鷗外に見える筈だという。（古舘充臣『画集城下町津和野』昭和四十九年、西日本教育図書　に寄せた沖本の随筆「旅人が見つけた津和野」）

ここで沖本は、両者はほとんど相似形だと主張しており、その見方は中村吉蔵とほぼ同じです。沖本は、ひょっとすると吉蔵の先の文章を読んで触発されてこの文書を書いたのかもしれません。文中の「在る人」が中村吉蔵である可能性は高いでしょう。ただ、周と鷗外の類似性の質と程度が、吉蔵と沖本がいうほどかどうかについては、今後さらに詳細な検討が必要でしょうが、周と鷗外が強く深い絆でつながっていることには間違いありません。

吉蔵は、同書でさらに続けて、両者の共通項を一層詳しく分析してみせます。

鷗外氏がその思想学問の系統に於て、独逸派であるのは、周氏の承継者ともいへる。

周氏の学問の多方面で、その著書目録の中から伯林のチムメルマンの人類発展史の訳や、美妙学説や論理新説や、更に憲法案、万国公法、社会党の説、兵賦論、万葉集字訓等のあらゆるものにまで亙つてゐるのを見ると、その範囲に多少の異同はあるが、鷗外氏のそれを連想せずにはゐられないものがある。（「鷗外氏の故郷から」）

吉蔵の考察はさらに続き、周と鷗外がともに終生仕官に身を投じた点を共通だと指摘したあと、

殊に陸軍兵制の顧問として山縣公が西周氏を尊重し、常にその知識を借りてゐた関係から更に鷗外氏と山縣公との間に或る親みが通つてゐたらしいのを想ふと、周氏と鷗外氏とは、自分の頭に同一人のやうな混乱した印象を与えて来る。（引用同）

ここで吉蔵が披露した、当時の実力者である山縣有朋（一八三八〜一九二二／長州出身の陸軍大将・内閣総理大臣ほか）を媒介とした両者の関係分析は、同時代人ならではの生々しくも鋭い分析です。吉蔵はさらに両者の語学にも言及します。

語学の方面も、周氏が和蘭語から英語、仏語、独逸語にまで亙つてゐたのと、鷗外氏が露西亜語まで勉強したらしいのとよく似てゐる。（引用同）

そして吉蔵は最後に、西、森両家がともに医家であることと、親戚関係にあることを指

摘して論を結んでいます。これらの吉蔵の列挙や分析がすべて正しいかどうかを検証する力量を筆者は持ち合わせていませんが、同時代、同郷の文人がこれだけ学問などの細部にわたって両者の共通点を示したものが貴重であり、大きな指標になり得ることだけはよくわかります。

また、前出の山崎一穎も、周と鷗外について、

西周の存在があって、鷗外の才能が生かされる場が形成されていったのも事実である。

（『一生を行く人森鷗外』一九九一年、新典社）

と見ています。周と鷗外の関係性については、両者相互というよりも、特に鷗外にとって、少年のときの出会いから始まって、下宿時代を経て晩年に至るまで、周が鷗外に与えた影響は相当大きなものだったとみていいでしょうし、筆者も、以前からいわば「周なくして鷗外なし」であったとの思いをもっていました。また、津和野人の大多数は、いつもこの二人を、津和野が生んだ知の二巨星として大いなる敬慕の念を寄せるとともに、郷土愛を育む最大の拠りどころだと感じているのだと思います。

鷗外の遺言を再考する

鷗外の遺言についてはすでに一度触れましたが、ここで、再度考えてみたいと思います。まずは、臨終の三日前の遺言の全文を再掲します。ここでの引用は『鷗外全集』によらず、改行や字配りなども含めて、なるべく手書きの原本に近い形で表記しました。

遺言本文

余ハ少年ノ時ヨリ老死ニ至ルマデ
一切秘密無ク交際シタル友ハ
賀古鶴所君ナリコヽニ死ニ
臨ンテ賀古君ノ一筆ヲ煩ハス
死ハ一切ヲ打チ切ル重大事
件ナリ奈何ナル官憲（権）威力ト
雖此ニ反抗スル事ヲ得スト信ス
余ハ石見人森林太郎トシテ
死セント欲ス宮内省陸軍皆

縁故アレドモ生死（ノ）別ルヽ瞬間
アラユル外形的取扱ヒヲ辞ス
森林太郎トシテ死セントス
墓ハ森林太郎墓ノ外一
字モホル可ラス書ハ中村不折ニ
依託シ宮内省陸軍ノ栄典
ハ絶対ニ取リヤメヲ請フ手続ハ
ソレゾレアルベシコレ唯一ノ友人ニ云
ヒ残スモノニシテ何人ノ容喙ヲモ許
サス　大正十一年七月六日
森林太郎　言（拇印）
賀古鶴所　書

森林太郎
男　　　　於菟
友人総代　賀古鶴所
以上

鷗外の臨終は、大正十一（一九二二）年七月九日ですから、この遺言はその三日前に書かれました。鷗外が口頭で述べたことを、友人の賀古鶴所が筆記しての作成でした。

この遺言で、我々津和野人や石見人にとって何よりも印象的なのは、やはり、「石見人」という言葉です。また、津和野人や石見人ではない人から見た場合は、この「石見人」は、一種奇異（が言い過ぎなら、ちょっと不思議）に感じるでしょう。鷗外は、十歳のときに津和野を離れてから、生涯を通じて一度も故郷に戻ることはありませんでした。また、全三十八巻という膨大な著述量を誇る文学者でありながら、津和野についての著述は決して多くありません。そんな状況で、死の直前に出てきた「余ハ石見人森林太郎トシテ死セント欲ス」という一文は、やはり注目を引きます。

鷗外研究者・文学者たちの見方

まず、鷗外の遺言、特に「石見人」という文言にまつわる、これまでの著名研究者や文学者の言辞を紹介して、鷗外の遺言研究を概観しておきたいと思います。

まずは、文芸評論家の山室静（一九〇六～二〇〇〇）です。山室は、詩人や北欧文学の翻訳者として活躍したほか、島崎藤村と森鷗外の優れた評伝を著しました。引用は、山室

の著書『評伝森鷗外』（一九九九年、講談社文芸文庫）からです。山室はまず、遺言全体の印象を、

その激しい語気は、まるで彼が一生その禄を食んできた陸軍省宮内省の官権に対して満腔の憤りと不平をぶちまけたかのようで、言わば死を盾にとって絶縁を宣言しているのである。そこにはたしかに怨恨のようなものが鋭く深く籠められているとも言える。

と、述べています。これは、至極真っ当な感想でしょう。しかし、山室はこのあと、一旦は認めたこの印象を否定しようと試みます。

私としては、死を前にしたこの巨人が、なお世間に対する怨念のようなものを抱いていたとは、信じにくい。問題の遺書も、ただ卒直に端的に、従来の世間とのつながりを一切ふりすてて、言うならば本来の自己に立ち帰って死んで行こうとした時の、痛切な、それだけ無愛想でもある発言ととっても、よさそうに思う。

語尾を「よさそうに思う」として、ここでは慎重ですが、続けて、山室自身の結論的意見を次のように表明しています。

怨念ではなく、（中略）、世俗的考慮ないし野心にもずいぶん煩わされずにはいなかった巨人の、一切の煩悩を断ち去って赤裸の一人間として死んで行こうとする、おそら

くは爽やかな決断があるのだ。

一見激しい調子の遺言からは、率直に「怨恨」「憤り」などを感じるとしながらも、知の巨人鷗外の死には、やはりどこかに「赤裸の一人間として」の「爽やかな決断」があったのだ、とする山室のこの見方は、多くの識者たちに共通するものではないでしょうか。なお、山村がそう感じ取ったのは、遺言の「石見人」という言葉の影響が大きかったからだろうと、筆者は考えています。

次に、松本清張（一九〇九～一九九二）の見方を紹介します。松本清張は、戦後を代表するミステリー作家で、昭和三十年代初めから『点と線』『眼の壁』などで評判を呼び、社会派推理小説ブームを起こしました。彼の作家デビューのきっかけは、『或る「小倉日記」伝』で芥川賞を受賞したことですが、これは鷗外の『小倉日記』に題材をとった短編小説です。このように、清張は作家としてのスタートラインに鷗外作品を選んだことになり、清張と鷗外は深い関連があります。

清張は、著書『両像・森鷗外』（一九九四年、文藝春秋社）で、

鷗外はなぜとくに「石見人森林太郎トシテ死セント欲ス」と希望したのだろうか。もし一個人としてなら「森林太郎」で足りる。遺言に「石見人」の三字を加えたのはどういう心算《つもり》か。

次に、

（「石見人」の意味は／筆者注）郷士を想う念からだという人がある。これがいちばん素直で、うけ入れやすい。鷗外は明治五年、父に伴われ、十一歳のとき出京していらい一度も津和野に帰っていない。死の床にあって望郷の念切なるものがあったことは察せられよう。

と、最も一般的でわかりやすい見方だとして、誰の説と、特定はせずに紹介し、一応の了解を示しています。

次には、「まったく違う解釈」「屈折した説」だが、と前置きして、石見の隣国、長州出身の軍閥の雄、山縣有朋（一八三八～一九二二）との関係性に焦点をあてた見方として、

鷗外が「石見人」として死せんと遺言したのは、尽くし甲斐なき山県《ママ》に対する憤激の辞ではなかろうか、と。／これ、一説なり。

と紹介しています。「これ、一説なり。」という皮肉めいた語調からして、清張はこの考えをあまり支持はしていないように感じられます。なお、清張はこの「山縣説」を発した人物の名をあげていませんが、筆者は、次の江藤淳（一九三二～一九九九／文芸評論家）の著書『崩壊からの創造』（一九六九年、勁草書房）の次の部分ではないかと、見当をつけています。

つまりこれは長閥に対する恨み、あるいは厭味にちがいない。死に際して「石見人森林太郎」と名のった鷗外は、あくまでも官界の人という一面を捨てずに逝ったのである。（中略）鷗外は長州閥の正統にいなかったがために味わった無数の屈辱に対する恨みをこめて、山県の霊およびその周辺にむかって「余ハ石見人森林太郎トシテ死セント欲ス」といった。

確かに、ちょっと無理がある解釈のように感じます。

そして、いよいよ、清張自身の解釈が披露されます。まず、鷗外の故郷感について触れ、鷗外は津和野や石見国をそれほどまでに想ったであろうか。（中略／鷗外が一度も帰省しなかったこと、郷里について書いた文章に愛着が感じられないことなどをあげたうえで）／白壁の士族屋敷のならぶ錦川も青野山も、鷗外には「捨てた故郷」であったかもしれぬ。

と、津和野の人間にとってなかなか耳の痛いことを述べています。そして、鷗外が遺言に「石見人」と書いた（言った）ことと、遺言の「アラユル外形的取扱ヒヲ辞ス」という字句を総合して考えた結論として、

私は鷗外がはじめて死後「文学者」であることを宣言したのだと思う。／（中略）官吏でもなく文学者でもなく葉巻を吹かす如く煙幕を張ってきた彼、あるいは自己は官

吏であって文学者ではない、したがって弟子は取らないと云っていた鷗外は、遺書により官吏から訣別したのである。／生きている間どうしても決断がつかなかったもの、一切を打ち切る死が、それをさせた。

と、持論を述べています。最初に「鷗外はなぜとくに「石見人森林太郎トシテ死セント欲ス」と希望したのだろうか」と問いを立ててスタートしたにしては、最後は、やや「石見人」に関する考察が薄れた結論のような気もします。

伊藤佐喜雄の見方

次に、津和野や石見出身者、またはその関係者の意見を見ていきましょう。

まず、前出の津和野出身の作家伊藤佐喜雄の見解を、著書『森鷗外』（前掲書）から紹介します。佐喜雄はまず、津和野と鷗外について次のように指摘します。

郷土的なもののすべては、幼い鷗外の精神的背景につよく投影され、いつしか自分でも気づかぬぐらゐな魂への定着を見せたのである。（「ふるさと」）

そして、臨終の床で「石見人森林太郎」という言葉を吐露した鷗外の心境を次のように推量します。

ふるさとの風物と幼い日の夢は、臨終の床で己れを石見人森林太郎と呼んだ時、始めてなつかしく鷗外の意識下に蘇《よみがへ》つたのではあるまいか。（引用同）

さらに別の章でも言葉を変えて次のように繰り返しています。

「石見人」の冠称は、故人のこころの墓表に彫り刻まれてゐるのであらう。それは、終焉のひとの懐しい回帰の道しるべをもなした。（「美しい墓」）

つまり、佐喜雄は、臨終を迎えた鷗外が、幼い心に刻み込まれた「郷土的なもののすべて」の中への回帰を表明する言葉として「石見人森林太郎」を必要としたと考えました。この佐喜雄の見かたは、故郷を鷗外と同じくする文学者ならではの視点によるものとして注目すべきであると同時に、まずは、「石見人」の読み方のひとつの「典型」かもしれません。

安野光雅の見方

次に、もうひとりの津和野人の見方を紹介します。国際アンデルセン賞を受賞した国際的絵本画家の安野光雅です。安野光雅はいうまでもなく津和野出身で、九十歳を過ぎた現在も（一九二六年生まれ）第一線で活躍中です。津和野駅前には立派な町立美術館も建てられています。安野光雅はまた、知る人ぞ知る無類の鷗外フリークで、特に鷗外の名訳『即興詩人』へ深く心酔し、最近、自ら絵筆をペンに持ち替えて『口語訳即興詩人』（二〇一〇年、山川出版）を刊行しているほどです。また、筑摩書房に「ちくま日本文学全集」という一作家一冊シリーズがあり、その「森鷗外」の巻（『森鷗外〈ちくま文学全集〉』一九九二年、筑摩書房、編集も安野光雅が担当した）に、安野光雅が「鶫と蜃気楼」と題した一文を寄せています。わずか十二ページほどの小文ながら、非常に含蓄に富んだ鷗外論だと思います。その中で安野光雅は、もちろん鷗外の遺言についても考察していますが、それを紹介する前に、安野光雅の鷗外への傾倒ぶりがよくわかる文章を、同じ「鶫と蜃気楼」から紹介してみたいと思います。

まず、安野光雅は、自身と鷗外が同郷であることを述べたあと、そのことについて次のように説明します。

鷗外に傾倒したのは、もの心がついてからで、同郷ということは全く関係ない。むしろ違うところに生まれて信仰の純粋さを訴えたいくらいである。（「鶫と蜃気楼」）

同郷という「不純な」動機ではなく、あくまで「純粋」なのだとするこの気持ちは、同郷人である筆者にもよく理解できるところです。しかし、その数ページあとで、安野光雅は、津和野人としての本領発揮ともいえるパフォーマンスを披露してくれます。『即興詩人』の口語訳ならぬ「津和野弁」訳です。まずは鷗外の原文から。

羅馬に往きしことある人はピアッツア、バルベリイニを知りたるべし。こは貝殻持てるトリイトンの神の像に造り做したる、美しき噴井《ふんせい》ある、大なる広こうぢの名なり。貝殻よりは水湧き出でゝその高さ数尺に及べり。

（引用は岩波版『鷗外全集』第二巻、一九八七年）

これが、安野光雅の津和野弁訳では

ローマに行きんさったことがある人《ひた》ァ、おおかたピアッツア・バルベリイニちゅう大きな広場を知っとってじゃろう。そこにゃァ、ほら貝を吹くトリイトンの噴水ちゅうもんがあって、そのほら貝からぁ、そりゃぁ高こう高こう水が噴き出しとるんじゃけえ。

（「轍と蜃気楼」）

となります。津和野弁がネイティブの人なら思わず声に出して読んで、膝を叩いて喜ぶでしょう。安野光雅の、津和野人としての特性を存分に活かした、楽しくも見事な知的遊びだと思います。なお、文中の「人ァ」は、津和野弁では「ひたあ」と訛って発音することを安野光雅は承知し、そのようにルビを振る芸の細かさを見せています。

やや脱線しましたが、そろそろ安野光雅が鷗外の遺言について触れている部分を紹介します。安野光雅はまず、遺言の「石見人」について次のように述べます。

「余ハ石見人森林太郎トシテ死セント欲ス」森鷗外でなく「墓ハ森林太郎墓ノ外一字モホル可ラス」と断固とした遺書を残しているのも、突然思いついたものではないと考えていい。

（引用同）

このように遺言の「石見人」は「突然思いついたものではない」とし、その根拠として、死の数年前に鷗外が書いた『なかじきり』（大正六年）や『空車』（大正五年）、さらには三十八歳頃に書いた『鷗外漁史とは誰ぞ』（明治三十三年）を傍証としてあげ、それらの文章の中で、鷗外がすでに「毀誉褒貶にこだわることを潔よしとしな」い、あるいは「名声を博して幸福とするものではない」と表明しているではないか、と指摘しています。

そして、続けて、

男（鷗外のこと／筆者注）は、来し方「石見」へ帰る道をとる。／位階の肩書、鷗外という雅号など一切の束縛から決別するために、子供の時代をすごした「石見」は森林太郎にとっての未来であり、同時に自由の蜃気楼だったのである。

（引用同）

と、この文章を結んでいます。こうした安野光雅の見方は、基本的には前述した伊藤佐喜雄や、ある意味では松本清張の見方にも、通じるものがあるように思いますが、安野光雅は、鷗外が死に臨んで捨てようとした（が、捨て切れなかった？）栄典や肩書きを「轍」と見、鷗外が死の向こう側に求めた来し方「石見」を、「自由の蜃気楼」と表し、この文章の題名を「輟と蜃気楼」としたのでした。

山崎国紀の見方

山崎国紀（一九三三生まれ／花園大学名誉教授／文学博士）は、鷗外の生誕地に隣接する島根県益田市出身で、鷗外研究第一人者のひとりです。鷗外と同じ「石見国」に生を受けた専門家の意見を見てみましょう。

山崎国紀の著書『鷗外　森林太郎』（一九九二年、人文書院）によれば、まず冒頭の序章で、

この「石見人」という句は、「権力」に対置する単なる相対化に過ぎないという考えもある。しかし、臨終に吐いたこの「石見人」という認識は鷗外にとって相当重いものではなかったか。（「序章　鷗外の出発——津和野藩」）

と、「石見人」という言葉を考えるにあたって注意の楔を打っています。その後、同著の終章において、次のように、さらに論を進めていきます。まずは遺言全体の性格について、

（鷗外の遺言は／筆者注）生涯の土壇場において、自己の主体性を取り戻そうとする宣言であったとも言える。

と言及し、さらに、鷗外が遺言に込めた思いについて、
　そして、死に際し、「宮内省陸軍」を斬り捨てたとき、鷗外の内部に残されたものは、やすらぎへの希求以外にはあり得ない。つまり、もはや何物にも煩わされない、純粋無垢たる童心への回帰であろう。

と考察し、最後に、そのために「石見人」という言葉が果たした「重い」役割について、

　「石見人」という言辞は、「俗」を一切拒否するコードでもあった。／鷗外はそうした石見人に自己を帰一さすことにより、永遠の世界に還っていったのである。

と、同著書全体を結んでいます。

山崎一穎の見方

　先の伊藤佐喜雄の「郷土的なもの」や、安野光雅が「自由の蜃気楼」と表現したものとは何か、ということについて、さらに考察を進めたのが山崎一穎（前出、津和野町立森鷗外記念館館長ほか）です。山崎一穎は、著書『二生を行く人森鷗外』（一九九一年、新典社）で、津和野藩が藩校養老館を創設して人材育成に力を注いだことに触れ、その成果として「このように小さな土地、津和野から多士済々の文化人が輩出している」と、津和野

から輩出した文化人二十七人を列記、紹介したあと、次のとおり論を展開しています。

鷗外は死に臨んで、己を津和野の文人として位置づけようとしたのではなかったか。それは晩年の史伝小説の世界の延長に連なっている。自己の出自、それは先祖代々住みついた津和野への回帰であった。それが死に臨んでの鷗外の自己認識ではなかったかと考える。

（「十三忍び寄る死の足音」）

山崎一穎はこのように、死を覚悟した鷗外が文化的風土に富む津和野に回帰し、そこで育まれた「津和野の文人」のひとりに列せられることを願って「石見人」と遺言に記したのではないか、さらに、それが鷗外文学の到達点である「史伝」の世界から連なるものでもある、との見方を示しています。わずか四万石少々の小藩にあって、その土地出身の三十名近い文化人（それもよくある地方の名士や文化人の類を一切含まず、すべて日本的レベルの活躍をした人ばかり）を、それほどの苦労もなくリストアップできるというのは、津和野という土地の大きな特色でしょう。そういう高い文化風土に培われた「津和野の文化人」の系譜に自らを列したいと、死を目前にした鷗外が望んだのではないかというこの見方は、佐喜雄や安野光雅の論をさらに進めたものとして見ることができそうです。

筆者の見方

遺言そのものを考えるまえに、鷗外のふるさと意識について考えてみたいと思います。鷗外が十歳の出郷以来、一度も津和野に帰っていないことは事実で、そのため、鷗外には故郷意識が薄かった、とか、松本清張のように、鷗外にとって津和野は「捨てた故郷」だと、手厳しい意見を述べる人もいます。また、安野光雅のように、鷗外は、常にふるさとと対峙しており、直接ではなくとも、そうした心性は文章の中にも見ることができる、という意見もあります。

明治四十二（一九〇九）年、鷗外が四十七歳のときに書いた『私が十四五歳の時』という文章に、こんなことが書かれています。まず冒頭は、「過去の生活は食つてしまつた飯のやうなものである。」で始まり、それに続けて、過去に食ってしまった飯は現在の生活や体を作り、その体で未来に向かうことができるのだ、とも述べ、さらに「私は忙しい人間だ。過去の生活などを考へてはゐられない。」と続けます。実は、この文章は、雑誌「少年世界」のインタビュー記事のようなもので、当時の名士（と雑誌が考えた人物）に、少年雑誌を購読している少年達と同年代の頃について語ってもらう、という趣旨でした。ですから、この「食つてしまつた飯」の話を枕にして、この文章は本題である津和野時代の回想に移っていきます。つまり鷗外は、自分の故郷を「食つてしまつた飯」と捉えて、いちいち考えてはいられない、つまりは、いちいち帰ってなどいられないが、一面で、現在の自分の血肉を作るもとになった大切なものだ、と、照れ隠し気味に言っているのです。これを書いた四十七歳の鷗外は、すべてにおいて人生で最も脂の乗り切った時期でした。こんな時期に、彼が表現したふるさと意識は、彼流の乾いた（または合理的な）故郷への想いであり、このあたりが、案外、津和野に帰郷しない理由だったのかもしれません。なお、この感覚は、津和野（石見）人の筆者には、どこか共感できるところを感じます。石見人（津和野人）の基本性質は、「湿っていない」「あっさり」「諦めが早い」「くよくよしない」などかな、と思うからです。

こうした、鷗外のふるさと意識、あるいは、ふるさととの距離感を一瞥しながら、いよいよ、遺言の「石見人」について、考えてみたいと思います。

まず、この遺言の基本的性格について確認しておきたいと思います。鷗外はこの遺言を形の上では、遺言末尾に記しているとおり、長男の於菟に宛てた形にしていますが、同時に社会に発表することも前提としていることが知られています。つまり、この遺言は、鷗外最後の作品だというのが、一般に定着した見方です。この性格の二重性を念頭に置きながら読み解いていく必要があると、筆者は思っています。

我々、津和野人には、遺言の「余ハ石見人、森林太郎トシテ死セント欲ス」の言葉は何よりも印象的であり、我々に大きな誇りを与えてくれます。筆者は、長年この遺言の、特に「石見人」の真意を考えて来て、最近、あることに気がつきました。それは、この遺言全体で鷗外が一番言いたかったことは、「石見人云々」の四行あとにある「森林太郎トシテ死セントス」だということです。これは、「個」として死んでゆくということを、残された者や社会に宣言したものでしょう。この遺言は、その一行を核あるいは頂点として構成されていると思います。それ以外の部分は、代筆をお願いする友との関係の明示、「死」というものの鷗外なりの定義、個として死ぬための手続きや依頼（宮内省云々、墓の文字、栄典の取りやめなど）などです。短い全文にも関わらず案外繰り返しも多く、最後も「何人も容喙を許さぬ」という念押しで終わっています。

で、「石見人」はどう考えるのか、ということです。「石見人森林太郎」は、文豪の森鷗外でもなく、軍医総監の森林太郎でもない、ということをはっきりさせるために、本名「森林太郎」に出自の国名を冠したものです。しかもここでの文末は「欲ス」と希望の形です。そしてさらに、その「石見人」という最後の肩書（というにはあまりに頼りないが、一応は肩書）まで取り去った本名だけの「森林太郎」こそが、鷗外が死に臨んで一番取りたかった形だったのでしょう。そこには、もはや「石見」も何もついておらず、そのことによって、まだ、東京へも、ドイツへも行っていない、文豪にも、軍医にもなっていない、まったく素の自分を表現し、それが鷗外としての「死」の理想形だと示そうとしたのではなかったか、と考えます。何も付さない本名だけの形によって、故郷（石見でも津和野でもよい）以前の場所、つまりは、母の胎内にも似た、生誕以前の場所に戻るような、真の「安らぎ」の中への回帰を求めたのではないかと思えてなりません。

では、なぜ、核とした一行の四行前に、「石見人」と記したのでしょうか。この遺言は公開されることを前提に書かれた、鷗外最後の作品だ、と先ほど述べました。だとすると、死の直前にあってなお明晰な頭脳を駆使して、鷗外はひとつの文学作品を創作したのだと思います。ですから、始めに「石見人森林太郎」と言い、次に「石見人」を取り去って「森林太郎」と言い切ったこの遺言の構成は、徐々にベールを取り去ってゆく効果を意図した、周到に練られたレトリックを施したもののように思います。そして、一旦頂点を構成したあとも、「墓には余計な文字を彫るな」とか、「栄転は絶対にやめろ」といった念押しで、着地に向かい、そして最大の効果を生んでいると思います。

筆者の見方は、「石見人」は一種のレトリックとして使用された、という、津和野人としては、一見残念なものです。しかし、遺言の真意は、場所としての「ふるさと」を超えた生誕以前の安らぎの場所、安野光雅が「自由の蜃気楼」とも表現したところ、への回帰を求めたものだとすると、その傍らには、やはり、幼いころに過ごした津和野の山河が横たわっていることも、また間違いないように思います。

もうひとつ、鷗外の死に際して、残された者の視点から、この遺言を考えてみたいと思います。唐突ですが、鷗外の「森林太郎墓」が津和野にあるのは、なぜでしょう。

鷗外の墓は、死の直後に東京向島の弘福寺に建立されましたが、翌大正十二（一九二三）年に発生した関東大震災によって弘福寺が被災したため、昭和二（一九二七）年に三鷹の禅林寺に移されました。そして、昭和二十八（一九五三）年、鷗外の三十三回忌の前年に、長男の森於菟の全面協力によって、三鷹の禅林寺の墓から分骨する形で、津和野の永明寺に建立されました。こうして現在は、三鷹と津和野に全く同一の墓標石が存在しています。

先ほど、鷗外の遺言は、文学作品として一般に向けられたものだと述べましたが、その一方で、長男の於菟宛の体裁もとっていました。於菟は、偉大な父の遺言が、自分に向けられたものであることを強く意識していたのではないでしょうか。形だけでなく、その意図、つまり、父鷗外が、一個人「森林太郎」として死んでゆくという意思を強調したこの遺言の真意を、一番深く理解していたのは、於菟だったのではないか、という気がしてなりません。実は、津和野への分骨墓建立は、津和野側から森家に働きかけて実現したものです。しかし、当時の森家当主である於菟の了解なしには、分骨は実現しませんでした。

一説には、森家の中には分骨に反対する空気もあったとのことですが、於菟がそれを説得していって一族の了解を得た、ともいわれています。遺言の真意を深く理解していた於菟だからこそ、その鷗外の想いを実現するために、鷗外の墓は、東京だけでなく津和野にもあるべきだ、そうして初めて鷗外が遺言で訴えた想いを果たすことができると於菟は考え、津和野への分骨に同意したばかりではなく、積極的に協力したのではないかと筆者は考えています。それは、言い換えれば、津和野の墓が存在して初めて、鷗外の遺言が完結をみた、と、いうことではないでしょうか。

鷗外旧宅余話

二度移築された鷗外旧宅

現在の住所表記で、「島根県鹿足郡津和野町町田イ二三〇番地」に所在している森鷗外の生家は、昭和四十四（一九六九）年十月二十九日に文部省（当時）告示第三二八号によって、国の文化財指定を受けました。なお、鷗外生家の呼称については、地元では、一般に「森鷗外旧宅」と呼ばれていますので、本書では以後、「森鷗外旧宅」または「鷗外旧宅」

もしくは単に「旧宅」といいます。また、一方で、近所にある西周邸は、もっぱら「西周旧居」と呼ばれています。このように、鷗外「旧宅」と西周「旧居」の、使い分けには、一説によれば意味があると聞いたことがあります。それは、「旧宅」という言葉には「生家」の意味を含み、「旧居」は生家ではなく単に住んでいた住宅という意味だ、というものです。確かに、鷗外旧宅のほうは間違いなく「生家」ですが、現存する周邸は、生家ではありません。周は別の場所（現在の津和野小学校校庭付近）にあった家で生まれ、四歳頃に現在の旧居に移っています。辞書などで調べても、「宅」と「居」の意味にこのような違いがあるかどうかは、はっきり分かりません。とにかく、津和野での慣例（？）にしたがって、筆者は、鷗外を「旧宅」、西周を「旧居」と称することにしています。

鷗外旧宅は老朽化が進んでいたため、昭和五十九（一九八四）年十月から同六十一（一九八六）年三月にかけて、文化庁、島根県、津和野町によって大規模な修復工事が行われました。また、平成七（一九九五）年には旧宅の隣接地に津和野町立森鷗外記念館が、旧宅を展示物のひとつとして位置づけて建設され、毎年多くの観覧者が記念館と旧宅を訪れています。

前述した旧宅の現存地「町田イ二三〇番地」は、鷗外生誕当時の所在地でもありますが、実はこの旧宅は明治初頭に一度別の場所に移築され、戦後再びもとの位置に戻されたという経緯があります。昭和六十一（一九八六）年三月に津和野町教育委員会が発行した『史蹟森鷗外旧宅修理工事報告書』の中に「建物の変遷」として、この経緯について簡単に触れた次の部分があります。

森鷗外旧宅の建立については、確たる記録はないが、言伝えによれば、嘉永六年（一八五三）の町内大火ののち再建したものと伝えられる。その後明治五年、一家が東京へ転住後、人手に渡った。現在地の北々東約二五〇メートル、即ち津和野町大字森村字上中島ハ一〇番七に移築された。（中略）昭和二十九年七月、鷗外の三十三回忌に際し、津和野町がこれを譲り受け、もとの屋敷内に再度移転したものである。

鷗外は父とともに明治五（一八七二）年六月に上京し、翌六（一八七三）年六月に、残った家族が上京しているので、ここにある「明治五年、一家が東京へ転住云々」という部分は、いささか正確さを欠くようですが、旧宅の変遷が簡潔にまとめられています。

次に、昭和二十九（一九五四）年に津和野町でおこなわれた鷗外三十三回忌法要記念行事と、同時に建設された鷗外詩碑「扣鈕《ぼたん》」建立の経緯について資料や書簡にそってたどってみたいと思います。

鷗外三十三回忌記念行事

昭和二十九（一九五四）年七月十二日、鷗外三十三回忌法要と鷗外旧宅の修復移転工事竣工を記念した一連の事業が津和野町において行われました。主催には、津和野町役場、津和野町教育委員会、鷗外記念館建設委員会が名を連ねています。この催しは、行政、町民を挙げた町ぐるみの鷗外顕彰事業であり、津和野町においては、ほぼ初めての一大文化イベントだったといってよいでしょう。なお、当時、津和野町ではこの旧宅修復移転事業を「鷗外記念館建設事業」と銘打っており、その推進母体として「鷗外記念館建設委員会」という組織を立ち上げていました。ですから、ここにいう「鷗外記念館」は、平成七年に建設された現在の森鷗外記念館のことでは、もちろん、ありません、念のため。

この記念事業の実質的な陣頭指揮を執ったのが、元津和野町長で、この頃は津和野郷土館長や町文化財保存会長などの肩書をもっていた望月幸雄《さちお》です。記念事業の開催にあたって作成された鷗外旧宅の来訪者芳名帳（表題には「鷗外先生旧址来訪記念録」とある）の冒頭に、望月の自筆による「森林太郎先生と郷土」という文章があり、この事業の開催に至る経緯などが詳細に記されているので、以下に引用します。（引用に際して漢字を新字体に改め、一部句読点を補った。仮名遣いは原文のまま）

爾来多年の計画であった旧邸を現所有者の伊藤利兵衛氏より寄附を受け誕生地に復元を期し、同時に詩碑の建設を図った。幸にも詩は於菟博士の斡旋に依って先生の衣鉢をつぐ佐藤春夫先生の撰択によってうた日記中の扣鈕ときまり、殊に佐藤先生の揮毫に成り又両先生の御尽力によって、漢詩人で書家である日本芸術院会員土屋竹雨先生の題字揮毫を得、碑石は堀藤十郎氏の寄附にて益田市土居竹五郎君の彫刻を以って旧邸の復元と共に六月三十日を以って工を竣へ、大田市岩倉富造翁の厚意にて庭園の整備も運んだ。／そこで、旧邸には先生の令弟潤三郎さんの未亡人思都子女史を居住してもらって管理を委託し、七月五日八十余年目に旧址は復興した。／恰も今年は三十三回忌に当るので予定計画に基づいて東京の行事とも関連し、九日の命日を郷土では十二日に繰り延べ、於菟博士、佐藤春夫先生夫妻を迎へ記念行事を執り行ふた。

「於菟博士」とは、鷗外の長男、森於菟（一八九〇〜一九六七／医学博士）のこと、「佐藤春夫先生」とは、当時すでに文豪とも称されていた著名な詩人で作家の佐藤春夫（一八九二〜一九六四）のことです。この記念録の巻末には、「文化財保存会長・郷土館長望月幸雄誌」「昭和二九年七月一五日録す」と記されています。また、引用文中にある「東京の行事」とは、この年の鷗外の命日（七月九日）前日に東京の三鷹禅林寺で開催された法要や、命日の当日に文京区千駄木の観潮楼跡で行われた永井荷風の揮毫による「沙羅の木」詩碑の除幕式などを指しています。

なお、前記の「観潮楼跡」とは、鷗外が生涯で最も長く住まいした、東京文京区の住居跡のことです。この観潮楼跡には、以前「文京区立鷗外記念本郷図書館」が所在しており、この図書館内に鷗外に関する資料を展示した「鷗外記念室」が設けられていましたが、文京区は鷗外生誕一五〇周年を記念して平成二十四（二〇一二）年十月、同地に「文京区立森鷗外記念館」を建設しました。これによって、観潮楼跡における鷗外記念施設は、それまでの図書館の一部を利用した記念室から、国内では二館目となる鷗外専門の独立した記念資料館となりました。国内最初の鷗外専門資料館は、鷗外の生誕地に平成七（一九九五）年四月に建設された津和野町立森鷗外記念館です。

話を昭和二十九年の津和野のイベントに戻します。望月が認《したた》めた記念録には、さらに続いて、このとき鷗外の遺品が於菟から津和野町に寄贈されて展示したことや、佐藤春夫がこの日のために歌を残したことなどが次のように記されています。

邸内には新たに於菟博士持参の先生の遺品数点を陳列、図書館は所蔵の鴎《ママ》外著書を邸内に展開した。こゝにて佐藤先生は左の一詩を残した。／大人が歌　あらしの中の　松風の　音にこそひびけ　時は経ぬれど

このときの於菟からの寄贈品が現在の津和野森鷗外記念館の鷗外遺品関係の中核をなし

ていることはいうまでもありません。また、佐藤春夫がここで「一詩を残した」というのは、佐藤が自らの筆でこの短歌を「うた日記」の単行本に書き残したことを指しており、この本は現在、津和野鷗外記念館に所蔵されています。また、当日出席者に配布されたと思われる「鷗外先生記念行事次第」という印刷物が望月家に保存されています。その内容は次のとおりです。

鴎外《ママ》（以下同）先生記念行事次第　七月十二日

一、三十三回忌法会

午前十時　永明寺に於いて

1、挨拶　2、法要　3、焼香

4、墓参　5、御斎

二、旧址復興並に詩碑除幕式

午後一時　旧址に於いて

1、祭事　2、序幕　3、朗詠

4、式辞　5、祝辞　6、旧邸内茶話会

三、記念講演会

午後三時　中学校行動講堂に於いて

1、挨拶祭事
2、鴎外作町歌合唱
3、佐藤春夫先生講演
4、森於菟先生講演
5、森博士作中学校々歌合唱
6、閉会挨拶
以上

この中の「記念講演会」については別にプログラムがあり、それによると佐藤が「詩人森鷗外」という演題で、於菟が「父の三十三回忌」という演題でそれぞれ講演したことがわかります。また、この次第中の「5、森博士作中学校々歌合唱」というのは、於菟が作詞した津和野町立津和野中学校の校歌のことで、現在も同中学校で歌い継がれているものです。次に掲げておきます。

津和野中学校校歌　作詞／森於菟　作曲／下総晥一

一、城山に　青野の山に　白雲の　わき立つ彼方
朝夕に　思いをひそめ　人の世の　文化高むる
創造の　心も深し

二、桜花　散りしく春や　秋はまた　もみぢ綾なす

錦川　流れとともに　ひろびろと　わだつみかけて
伸び行かむ　われら友どち
三、先哲の　生い立ちませし　いしずえに　養老館の
あとをつぐ　津和野中学　興国の　ちかいもかたく
この丘に　われらは学ぶ

「扣鈕」詩碑の建立をめぐって～森於菟の書簡をたどる～

鷗外旧宅修復移転と同時に建立された詩碑に選ばれたのは、鷗外が四十二歳の明治三十七（一九〇四）年、日露戦役に出征した陣中で詠じた「扣鈕《ぼたん》」という詩です。このときの作品は、明治四十（一九〇七）年に『うた日記』と題して刊行されています。詩碑には次のとおり刻字されています。

扣　鈕
南山の　たたかひの日に
袖口の　こがねのぼたん
ひとつおとしつ

その扣鈕惜し

べるりんの　都大路の
ぱつさあじゆ　電燈あおき
店にて買ひぬ
はたとせまへに

えぽれつと　かがやきし友
こがね髪　ゆらぎし少女
はや老いにけん
死にもやしけん

はたとせの　身のうきしづみ
よろこびも　かなしびも知る
袖のぼたんよ
かたはとなりぬ

ますらをの　玉と砕けし
ももちたり　それも惜しけど
こも惜し扣鈕
身に添う扣鈕

右「うた日記」より扣鈕」　後学佐藤春夫謹寫

なお、最後の行でカギカッコが前後揃っていないのは誤植ではありません。詩碑にはこのように、誤って閉じカッコが重複して刻まれているので、そのままを本書に書き写しました。

この詩碑の建立については、望月の依頼によって於菟が意を注ぎましたが、詩の選定から詩碑建立に至るまでには、両者の間で盛んに書簡のやりとりがなされています。望月家には、現在もこのときの於菟からの書簡が多く保存されており、これをたどると詩碑建立の経緯を具《つぶさ》に知ることができます。

○三月二十三日付け書簡

まず、昭和二十九（一九五四）年三月二十三日付け（この書簡には実際には年は記されていないが前後関係から昭和二十九年と推定）の於菟から望月に宛てた書簡には次のようにあります。

前略　先般御意を受けました津和野町の森鷗外詩碑には次の「花薔薇」といふ詩が、長さ、形などもよろしく適当かと存じます。「於母影」といふ初期の詩の中にあり、最近発行の岩波書店鷗外全集にては著作篇第一巻の二三五頁にあります。外の全集でも詩を集めた所に必ずありませう。

わがうへにしも　あらなくに
などかくおつる　なみだぞも
ふみくだかれし　はなさうび
よはなれのみの　うきよかは

書は適当の方にお願下さい。濁点は除いた方がきれいに見えるかも知れません。なほ御参考までに申しますが、次に記す「筆」といふのは上記全集二六九〜二七〇頁にあり、幼時津和野における生活に触れてゐる唯一のものと存じますが、少し長すぎるのとやゝ俗調のきらひがあるかのやうに思われますがそれだけわかりよいかも知れません。

筆

こたつに足を踏み伸べて、

俯して物書くをさな子の、
くゆる烟にみかへれば、
燃ゆるは布団の裾なりき。
あなかゝ様と叫びつゝ、
ちびたる筆を手に持ちて、
洗濯します川ばたへ、
数町の道を馳せゆきぬ。
年を経ること三十年、
その子やうやく老いんとす、
ちびたる筆を手に持ちて、
消すべき火をばえも消さで。

右、「花薔薇」を第一候補、「筆」を第二候補として選んでみました。もとより私には詩歌はよくわかりませんので只おもとめに応じましたばかり、これより他の詩でも短歌俳句でも適当に御選考下さって結構に存じます。以上延引ながら御返事まで。

三月二十三日

森　於菟

望月幸雄様

文面から、この書簡に先立って幸雄から於菟に対して詩碑建立の趣旨説明や詩の選定依頼などを内容とした書簡が送信されていたと推測できます。ここで興味深いのは、第一候補に「花薔薇《そうび》」が、第二候補に「筆」があげられており、この時点では、実際に選ばれた「扣鈕」は候補にすらあがっていないことです。

○四月二十日付け書簡

次の書簡は、約一か月後の四月二十日付けです。この間に望月から於菟に宛てた書簡があったらしく、その中で望月は於菟に詩碑への揮毫を依頼したようです。

先日御手紙にて石の寸法御教へ下さいましたのに対し御返事おくれ申しわけありません。小生は初めから申し上げました如く石に刻む字なぞ書くこと思ひもよりません。御地に参上しました折、色紙の御依頼にも閉口して居ります次第、永久に残る石になぞ何と仰せられてもお引き受致しません。／さて先に申し上げた二つの短詩、心づきを申し上げたので、まだ何とやら記念のものとしては落ちつかぬ気持ち湧きまして、実は先々週佐藤春夫氏に会ひました（千駄木町の邸跡に建てる碑のことにつき、この碑は永井荷風氏筆で「沙羅の木」です）節、とくと相談いたしました。佐藤氏は父の遺風を伝える人で、ことに詩歌の方面ではとくに父の作を研究し顕彰してゐる方であります。その際「花さうび」の詩は美しいが翻訳であって創作でないから不適当であるといふことに我々の考が一致しました（小生初めからこの点不安でありましたのです）。「筆」は代表としては不適で、やはり格調の高い詩として最盛時の「うた日記」中より軍国調のないものを選ぶべきであるといふ所から、少し長いが「扣鈕」がよく、これならば東京の碑が「沙羅の木」であるに対して見劣りせず、立派なものが残るといふことになります。それで書は佐藤春夫先生が引受けて下さるさうでありますので、計画の変更は申しわけありませんが是非右のこと御承知願い上げます。御承知の如く同氏は現代文壇一流の方で父の衣鉢をつぐ人、見事なものが出来ると存じます。（以下略）

四月二十日

森　於菟

望月幸雄様

この書簡によって、「扣鈕」が最有力候補となり、また於菟の斡旋によって佐藤が揮毫することがほぼ内定しました。引用では省略しましたが、この書簡にはこのあと、石碑の形状やデザインについての細かい示唆や揮毫依頼に関する手続や謝礼のこと、揮毫依頼者として佐藤以外にも鷗外の実妹小金井喜美子、国文学者佐佐木信綱なども考えたが老齢のため断念したことなども記され、津和野の詩碑建立に対する於菟の熱意と細かな心遣いをうかがい知ることができます。

○五月九日付け書簡

次の於菟の書簡は、五月九日付けです。これによると、先の書簡での「扣鈕」選定については、津和野としても同意したようで、この書簡以後は詩の選定に関するやりとりは一切姿を消し、話題の中心は揮毫に関すること、それに関連する石の形状などの細かな確認事項に移っています。なお、この書簡での新しい動きとして次の記述がみられます。

新しい石の型お送り下さいましたのを佐藤春夫先生におめにかけました所、立派なものと喜ばれましたが、碑面が大きいので上方に「鷗外先生詩碑」と大書するのをよろしいとし、それの揮毫を漢詩人で書家である日本芸術会員土屋竹雨先生に御依頼することになりまして、この前の日曜日同伴土屋先生をお訪ねお頼みしました所、一昨日書いたものを私方までとどけて下さいました。

於菟と佐藤が、詩碑には題字が必要だとして、書家の土屋竹雨に揮毫を新たに依頼したようで、これは数日もおかずに即刻書き上がっています。

また、佐藤の揮毫の方はというと、

佐藤先生の書は一度認められたのが気に入らず、書き改められる由で近日に出来てお送り出来る筈と存じます。ことに土屋先生はもしこれが東京でできるのなら石に刻むのも自分が注意監督したい所であるが、地方ではやむを得ぬのでおまかせするからよろしくとの事であります。両先生とも落款あり、佐藤先生は詩を写すといふ由来も認められます。

とあり、佐藤、土屋両氏の鷗外詩碑揮毫に対する熱意は、長男の於菟にも勝るとも劣らぬものであることがうかがわれます。

○五月十六日付け書簡

次の書簡は、五月十六日付けです。これによると佐藤の揮毫も無事成ったようで、話題の中心は、石に刻む際の非常に細かな指示となっています。それはほとんど一字一字の配列にまで及んでいます。さらにこの書簡に初めて、佐藤が津和野の三十三回忌記念行事に出席する話が進んでいることがみえます。

なほ昨日佐藤先生に津和野に御出でを願ふ旨申しました所、鷗外先生の詩碑の詩を選び、拙い字ながら誠心誠意筆をとる機会を与へられた事は非常に喜ばしいことで、かねて旅行は好む所、山陰地方は初めてなので、突発事故、支障のない限り参上し、御希望ならばこの詩を選んだ心持など御話も申し上げる快諾されました。これは貴下のお頼みを如何御返事あるかと危ぶんで居りました私にとりましても望外の喜びでこゝに御報告申し上げます。

こうして、津和野での鷗外記念行事に於菟と佐藤の両氏を迎える準備が着々と進んでいくのですが、於菟は続いて日程について次のような提案をしています。

さて参るとなると勿論私も同行しますが、日時が問題です。ご存知の如く本年七月九日は三十三回忌のため、当日観潮楼あとに詩碑（これは永井荷風先生筆「沙羅の木」）をつくり、東京都及び文京区の主催で各界にひろく招待状を出します。私は又森家として親戚知人を招きます。そのため寺での法要は前日の八日にするかと存じます。それでこの辺の日は到底東京を離れることが出来ませんので、津和野での建碑式はこれより二日ぐらい前か後にして頂きたいのであります。

この博士の提案を受けて津和野での一連の行事は七月十二日に決定しました。

○その後の書簡

これよりのちの書簡は、五月三十一日付け（これだけが葉書）、六月九日付け、同月二十九日付けと続きます。これらの書簡の内容は、於菟、佐藤の津和野訪問の日程調整、謝礼についての打ち合わせ、津和野での行事の詳細、講演の演題の確認、東京の行事の進捗状況の報告、といったところです。これら一連の書簡の最後のものは、東京千駄木の観潮楼での「沙羅の木」詩碑除幕式への望月宛の案内状（七月一日付け）です。

こうして、ようやく七月十二日の津和野での記念行事当日を迎え、前述の記念行事次第のとおり、無事に諸行事が執り行われました。なお、七月十二日の行事以後の書簡としては、八月二十三日付けで佐藤から、同月二十四日付けで於菟から、それぞれ相次いで望月宛に津和野での礼意を述べた書簡が届いています。

詩碑後日談

こうして無事に建立、除幕式を終えた詩碑ですが、思いもよらぬ後日談があります。現在の詩碑を見ると「扣鈕」の詩の部分が銅板を石に嵌め込んだものになっています。これまで詩碑の建立経過を書簡でたどった限りでは、佐藤春夫の筆になる「扣鈕」は、土屋竹雨の題字とともに益田市の土居竹五郎という彫刻師の手によって石に直接刻まれたはずですが、なぜ銅板になっているのでしょうか。

そうなった経緯は、実は当時の津和野町民にとっては周知の事実でしたが、現在は一般にはあまり知られていないようです。その顚末について、昭和六十二（一九八七）年九月に「早稲田大学文学碑と拓本の会」によって編集・発行された「森鷗外の文学碑」が簡潔にまとめているので、それを引用して紹介します。

（前略）しかしながら、碑文の中で四ヶ所「扣鈕」の鈕が紐となっており、原文と異なっていたため、序幕の翌年に佐藤春夫に再び碑文原稿の書き直しを依頼し、碑の改修が行われることになった。／昭和四十二年、皇太子殿下の御来訪が決定したのを期して、それまで滞っていた碑の改修が行われる運びとなった。／まず彫りつけた碑文の部分を長方形に削り、松江の遠所製作所に依頼して碑文原稿を縮小したものをもとに鋳造した銅板を取り寄せ、その削った部分にはめ込んだ。これが現在の「扣鈕」の碑である。しかし改修上の都合から左脇の「うた日記より」の部分と土屋竹雨（雅号）「森鷗外詩碑」の部分は今でも最初に彫られたまま残っている。

つまり、最初に石に刻まれた佐藤の碑文原稿に、「扣鈕」と書くべきところを「扣紐」と書き誤った部分があったために、後年これを書き改めたものを銅板に写し、碑石に嵌め込んだのです。永久的に残る石碑のこととて、佐藤自身も書き改めることを強く望んだであろうと容易に想像できますが、傍観する我々からみれば、文豪佐藤春夫をして緊張のあまりにケアレスミスを犯させた鷗外の偉大さを再認識するとともに、ミスを非難するというのではなく、詩碑にまつわる微笑ましいエピソードとして記憶にとどめておきたいと思います。

また、引用文の最後にもあるように、銅板に変更してまで改修しておきながら、銅板の左脇に最初に石に直接刻んだ文字の一部が次のように残っています。

鷗外先生うた日記より「扣紐」　後学春夫謹寫

時間の経過によって徐々に読みづらくなっていますが、注意深く見ると直接石に刻字されたこの最後の一行をこのように読み取ることができます。詩の本文はすでに長方形に削り取られていて見ることはできませんが、幸か不幸か石に残されたこの最後の一行によって、誤記された「扣紐」という文字を見ることができます。佐藤春夫先生には申し訳ありませんが、「野次馬」としては興味がつきません。

鷗外、太宰、清張の意外な関係

太宰治と松本清張の意外な共通点とは

『走れメロス』『斜陽』などの小説で馴染み深い太宰治（一九〇九〜一九四八）と、『砂の器』『点と線』をはじめとする社会派ミステリーの巨匠、松本清張（一九〇九〜一九九二）。

この二人の作家は、まったくタイプが異なりながらも、ともに「国民的」な人気をもつ作家といっていいのではないでしょうか。そんな二人に共通する意外な事実があります。

その答えは二つ。

まず一つ目は、二人とも明治四十二（一九〇九）年生まれ、つまりは「同い年」だということです。生誕地は、太宰は東北の津軽、清張は九州の小倉（実際には広島だとの説もある）と、日本列島の南北に遠く離れていますし、生まれた年は同じでも、作家として活躍した時期がまったく異なっているので、多くの人は意外な印象をもつのではないでしょうか。なんとなく太宰の方がかなり古い時代の作家、そう、イメージとしては「鷗外などのちょっとあと」くらいに感じていた人が多いのではないでしょうか。それに対して清張は、「戦後、それも高度経済成長期の巨匠」という感じがしませんか。実際には、太宰は、昭和八（一九三三）年頃、二十四歳くらいから作品を発表し始め、昭和二十三（一九四八）年に三十八歳で入水自殺によって生涯を閉じましたが、一方、清張は太宰の死から五年後の昭和二十八（一九五三）年、四十二歳のときに芥川賞を受賞して作家活動を開始し、いわゆる遅咲きの作家でした。したがって、二人の作家としての活動期間は、同い年ながらまったく重なっていないことがわかります。

平成二十一（二〇〇九）年は、太宰と清張の生誕からちょうど一〇〇年目で、生誕一〇〇周年を記念した事業が全国的に展開され、書店に企画コーナーが設けられたり、新しい本の出版が続いたり、映画やテレビドラマ、ドキュメンタリー番組なども多く公開されました。こうした現象からみても、冒頭でも書いたように、この二人は、タイプも分野も活動時期もまったく異なりながらも、現在でも「国民的作家」として高い人気を保っていることがわかります。

鷗外と同じ場所に眠る太宰

二つ目の共通点は、郷土の文豪森鷗外に関連があります。まず、太宰と鷗外についてご紹介しましょう。太宰は若い頃から鷗外に深い尊敬を寄せており、自分の墓は鷗外の墓石のそばに立てて欲しいと希望していたと言われています。何度も自殺や心中の未遂を繰り返していた太宰だけに、周囲に自分の墓について話す機会も多かったのかもしれません。その意思は文章にも残っています。昭和十九（一九四四）年発表の『花吹雪』という作品に、鷗外が眠る東京三鷹市の禅林寺を訪れたときの様子を綴った次のような一節があります。

うなだれて、そのすぐ近くの禅林寺に行つてみる。この寺の裏には、森鷗外の墓がある。（中略）ここの墓地は清潔で、鷗外の文章の片影がある。私の汚い骨も、こんな小奇麗な墓地の片隅に埋められたら、死後の救ひがあるかもしれないと、ひそかに甘い空想をした日も無いではなかつたが、今はもう、気持が畏縮してしまつて、そんな空想など雲散霧消した。

（『太宰治全集6』一九九八年、筑摩書房）

鷗外への憧れと屈折した自らの心境を、太宰ならではの筆致で表現しています。なお、『花吹雪』については、筑摩書房刊『太宰治全集6』の解題に次のように解説されています。

花吹雪／雑誌には発表されず、昭和十九年八月二十日発行の肇書房版『佳日』に収録された。以後の再録本はない。／「花吹雪」については、津島美知子『増補改訂版 回想の太宰治』の「『創作年表』のこと」に次の記述がある。／「花吹雪」四十四枚も書き上げて昭和十八年七月号の「改造」に発表する予定であったのが延引したあげく、原稿は返却された。

こうした太宰の意を汲んで、太宰の死の翌年の昭和二十四（一九四九）年に、鷗外の墓石の斜め向かいの位置に太宰の墓石が建立されました。鷗外が遺言によって、墓には「森林太郎墓」のほかは一字も彫るな、と言い遺したのに倣ったのか、太宰の墓石にも、井伏鱒二の揮毫になる「太宰治」のほかは一字も刻まれていません。ただし、鷗外の墓石の刻字は本名（森林太郎）ですが、太宰のほうは本名（津島修治）ではなく、ペンネーム（太宰治）が刻字されています。なお、太宰の遺体発見日であると同時に誕生日でもある六月十九日は、毎年「桜桃忌」と呼ばれる供養が墓前で営まれていますが、この日には、その約二十日後に営まれる「鷗外忌」（七月九日）をはるかに凌ぐ大勢のファンが集まるとのことですし、年間を通じて太宰の墓前には献花や供物が絶えることはないそうです。若い太宰ファンの中には、すぐ近くに太宰が心から尊敬した鷗外の墓石があることも、太宰の墓が禅林寺にある理由も知らない人が少なからずいるとのことで、津和野人や鷗外関係者としてはやや複雑な心境です。鷗外先生も太宰とともに空の上から苦笑いしているかもしれません。

鷗外を作家の出発点とする清張

次に清張と鷗外のつながりについて紹介します。清張が昭和二十八（一九五三）年に、『或る「小倉日記」伝』という短編小説で芥川賞を受賞したことは前述しました。この作品は、昭和二十七（一九五二）年の『三田文学』九月号に掲載され、昭和三十三（一九五八）年十二月に角川書店から同名短編集に収録、出版されました。あらすじは、田上《たのうえ》耕作という廃疾の青年が、不明だとされていた鷗外の『小倉日記』と、その時代の鷗外の行跡を調査していきますが、意を遂げることなく亡くなります。そして、なんと彼の死からわずか二か月後に、鷗外自筆の『小倉日記』が発見される、という運命の皮肉が描かれています。第二十八回（一九五二年下半期）芥川賞受賞作品です。受賞年を一九五三年というのは、最終選考会以降のスケジュールが年が明けた一九五三年になって行われたからで、清張の受賞はあくまで一九五二年下半期分の作品に対する賞です。

清張は、小倉の朝日新聞西部本社に勤務しながら執筆活動を行っていましたが、この作品をきっかけとして上京して執筆に専念します。いわば、「作家松本清張」のスタート地点に鷗外が立ち会った形と言えるのではないでしょうか。これ以後の清張のエネルギッシュな作家活動とその成果は、あえて紹介する必要もないくらいで、戦後最大のベストセラー作家として平成四（一九九二）年に亡くなる直前まで健筆を振るいました。また、清張は、生涯を通じて鷗外に関心を示しています。鷗外をモチーフとして取りあげた作品には、すでに述べた『或る「小倉日記」伝』のほかに『鷗外の婢』、『削除の復元』がありますし、最晩年には、評伝として『両像・森鷗外』も執筆しています。『両像・森鷗外』は昭和六十（一九八五）年に雑誌発表されましたが、単行本の発行は没後の平成六（一九九四）年でした。この『両像・森鷗外』の最終章（二十七章）の後半で、清張は、鷗外の遺言の意味や背景、「石見」や「津和野」を巡るあれこれ、陸軍関係者との確執（が言い過ぎなら関係）、さらには、自ら設定した「鷗外の文学とは何か」という難問に対する回答の試み、など、とても興味深い事柄を論じており、その一部は、本書でもすでに紹介したところです。
また、このように清張が終生鷗外に関心を持ち続けた動機や背景については、現在も多くの文学研究者の間で盛んに論議されているようですが、ミステリーだけでなく、本職の歴史学者も一目置くほどの水準に達した古代史や現代史研究に象徴される「博覧強記」の清張が、明治・大正を代表する、いや、日本文学を代表する「知の巨人」鷗外に関心を示したのは、いわば必然に近いようにも思います。残念ながら、筆者にはそれを学問的に世に問う力量はありませんが、清張が残した鷗外に関する著述において、『渋江抽斎』や『伊沢蘭軒』などのいわゆる史伝への言及が多いということは、ひとつのヒントであろうと思っています。

以上が、森鷗外と太宰治と松本清張の「意外な（三角）関係」です。太宰は、生涯を終えたのちの安息の場所を鷗外の近くに求めました。清張は、作家としてのスタートの題材に鷗外を選びました。終焉と出発、両極端ながら、どちらも生涯の記念碑的シーンに鷗外に立ち会ってもらったということもまた、この二人のもう一つの共通点としてあげてよいのではないかと思います。偶然にも同じ年に生を受けながら、文筆活動的にはほとんど接点がなかったこの二人の作家が、鷗外という縁《えにし》で結ばれていたことは、決して偶然ではなく、鷗外という傑出した才能が演出したひとつの必然だったと思わずにはいられません。

My 鷗外語録【5】

おれなんぞの顔は閲歴《えつれき》が段々に痕《あと》を刻み附けた顔で、親に生み附けて貰つた顔とは違ふ。（47歳／『半日』）

此線現在は過去と未来との間に画した一線である。此線の上に生活がなくては、生活はどこにもないのである。（48歳／『青年』）

一匹の人間が持つてゐる丈《だけ》の精力を一時に傾注すると、実際不可能な事はなくなるかも知れない。（49歳／『雁』）

My 鷗外語録【6】

自分は此儘《このまま》で人生の下り坂を下つて行く。そしてその下り果てた所が死だといふことを知つて居る。／併しその死はこはくはない。／（中略）／死を恐れもせず、死にあこがれもせずに、自分は人生の下り坂を下つて行く。

（49歳／『妄想』）

My 鷗外語録【7】

己《おれ》の感情は己の感情である。己の思想も己の思想である。天下に一人のそれを理解してくれる人がなくたつて、己はそれに安んじなくてはならない。それに安んじて恬然《てんぜん》としてゐなくてはならない。

(53歳／『余興』)

My 鷗外語録【8】

学問の自由研究と芸術の自由発展とを妨げる国は栄える筈がない。

（49歳／『文芸の主義』）

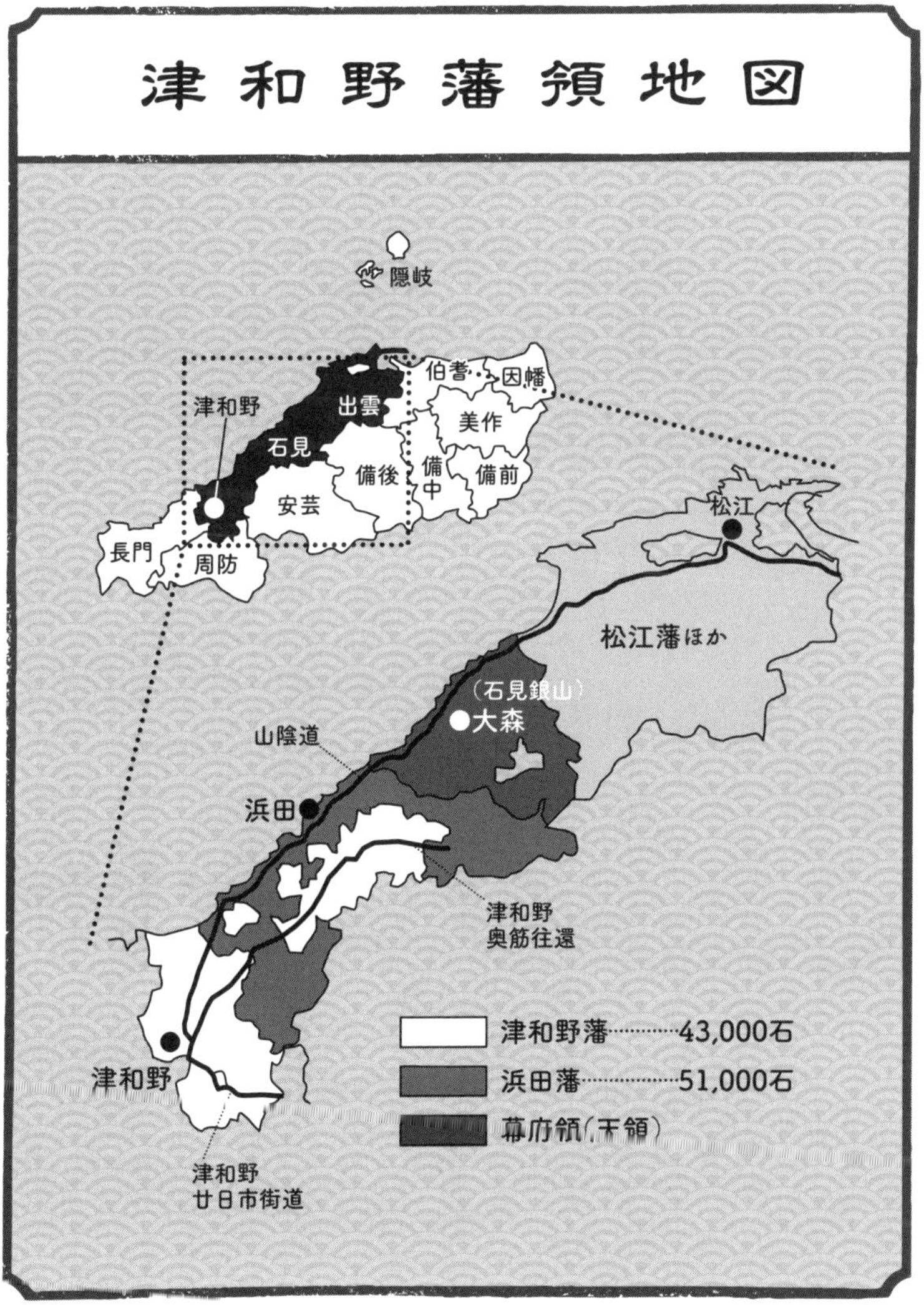
津和野藩領地図
隠岐
伯耆
因幡
津和野
出雲
美作
石見
備後
備中
備前
安芸
長門
周防
松江
松江藩ほか
（石見銀山）
大森
山陰道
浜田
津和野
奥筋往還
津和野藩……43,000石
浜田藩……51,000石
幕府領（天領）
津和野
津和野
廿日市街道

資料1
津和野藩領地図

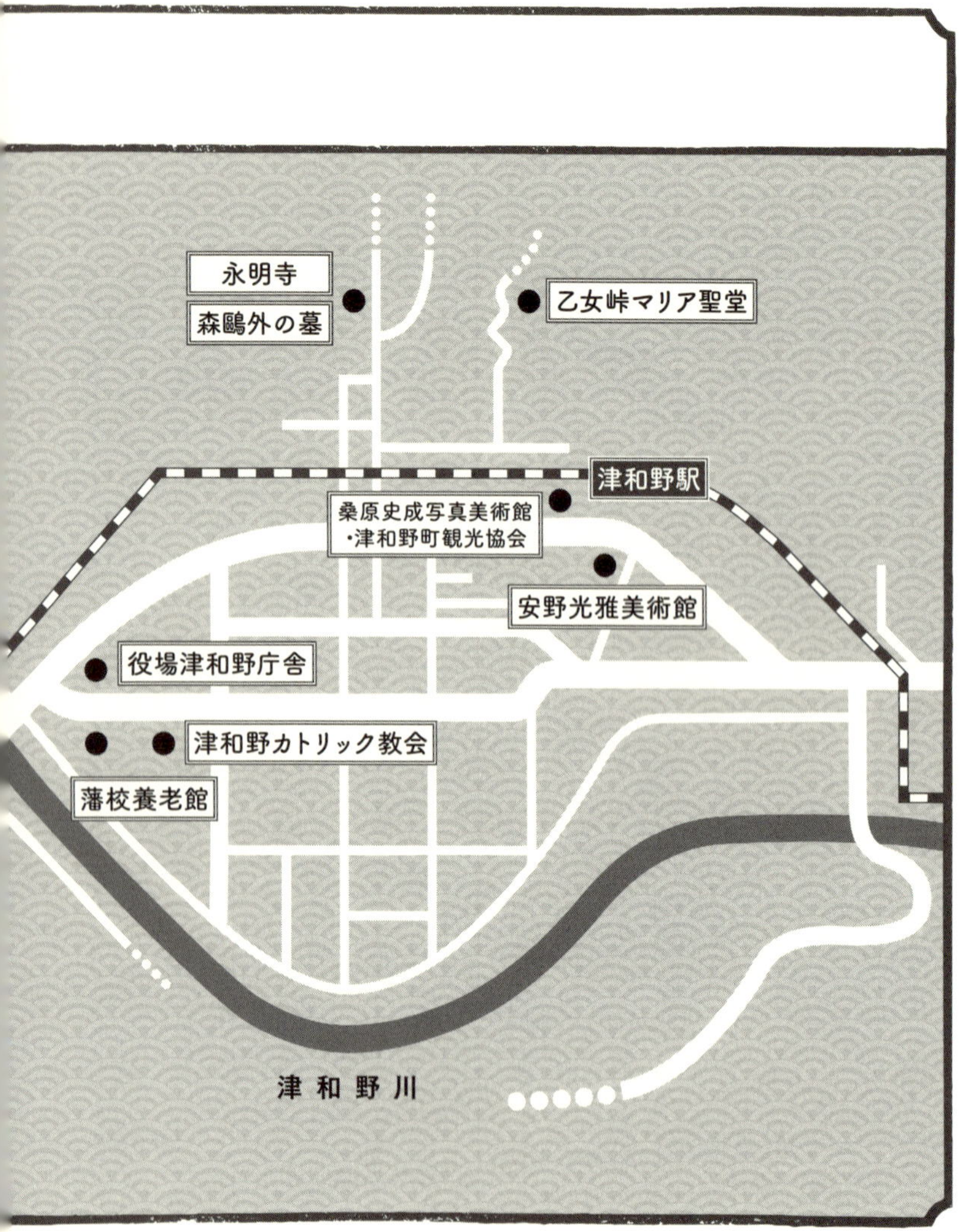
永明寺
森鷗外の墓
乙女峠マリア聖堂
津和野駅
桑原史成写真美術館
・津和野町観光協会
安野光雅美術館
役場津和野庁舎
津和野カトリック教会
藩校養老館
津 和 野 川

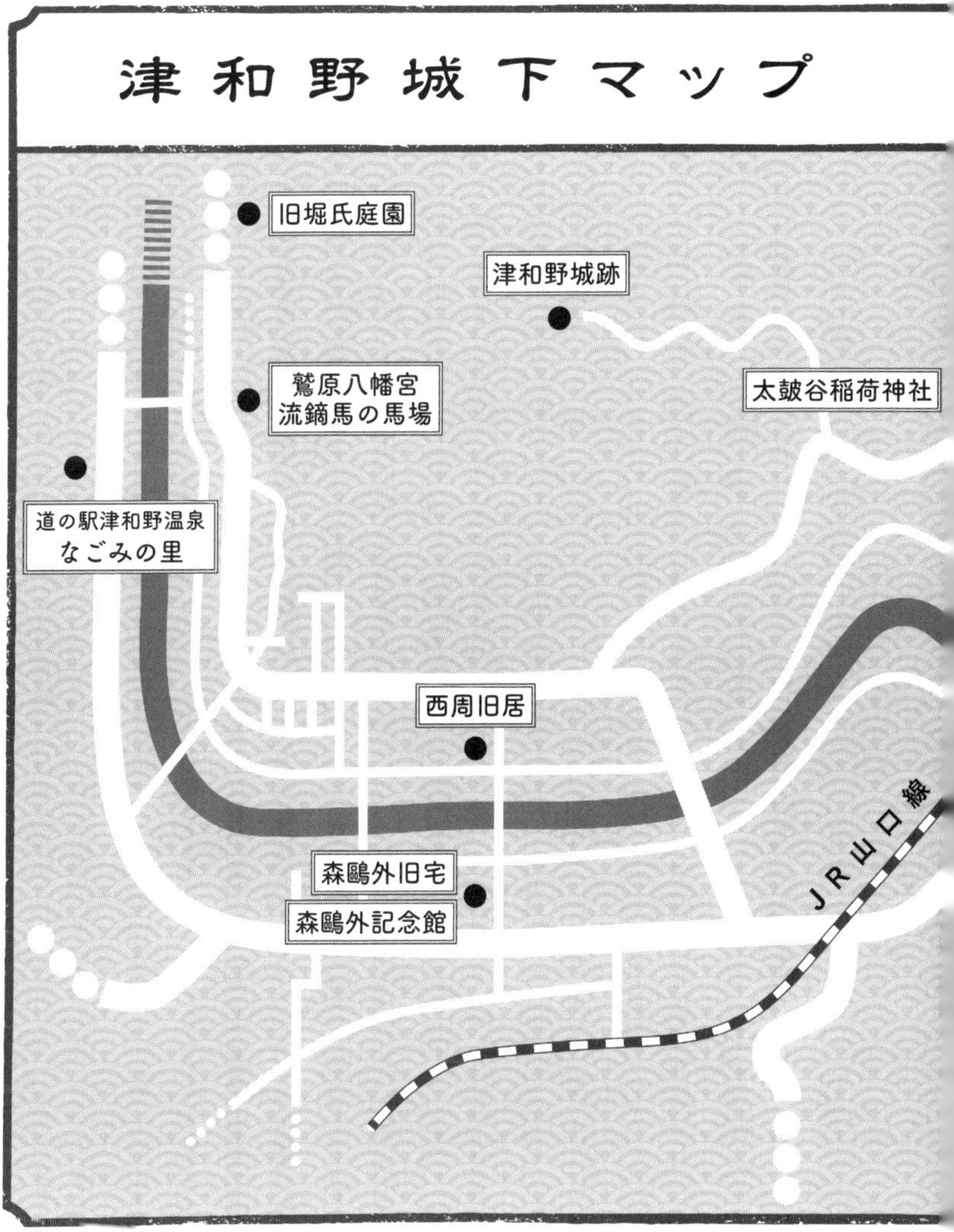

 資料2
津和野城下マップ

現しておりますが、一部フィクションも交えて描かれています。本書やこのイラストをガイドのひとつとして、ぜひ今の津和野を訪れ、歴史に思いをはせてみてください。

カバーイラストは、本書に登場する様々な人物、津和野名物などを著者と相談の上、イラストレーターのセキサトコさんが一枚の錦絵のように仕立ててくださいました。なお、資料があるもの、現存している建物などは、その素材を利用し再

おわりに

　私（本書の筆者）は、島根県津和野町で生まれ、大学在学の四年間以外は、全生涯を津和野町で暮らしている、六十一歳の郷土史家です。郷土史に興味を持ったのは二十歳頃です。近所に住んでおられた郷土史家の故沖本常吉（『津和野町史』などの著者）に指導を受けたこと（私は勝手に弟子入りしたと思っています）がきっかけです。卒業後、津和野町役場に職を得ると、三十歳頃からは森鷗外研究も始め、新聞や雑誌に少しずつ執筆の機会をもつようになりました。したがって研究に携わった期間はそれなりに長いのですが、本格的な研究活動は、平成二十三（二〇一一）年に仕事をリタイヤしてから開始しました。

　本書は、そんなひとりの郷土史家が、平成二十六（二〇一四）年に自費出版した『津和野をつづる　生粋の津和野人による津和野覚書』（平成二十六年八月十五日モルフプランニング発行）という本をベースとして、大幅な加筆、訂正、削除、構成変更などを施して、改題・刊行に至ったものです。

　昨年、『津和野をつづる』を読まれた堀之内出版の小林えみさんからリニューアル出版のお話しをいただいたときは、在京の出版社からお声がかかるなど思いもよらなかったのですが、一も二もなく「お願いします」とお返事したことを記憶しています。『津和野をつづる』は、私がそれまでに新聞や雑誌に発表した文章を再掲する形を基本として、自ら編集・校正したものでしたが、小林さんから「明治維新」というテーマで再編集してみては、というアイディアをいただきました。なるほど、今年（二〇一八年）は、一八六八年の明治改元からちょうど一五〇年目です。『津和野をつづる』の内容は、そのほとんどが幕末から明治にかけて活躍した津和野出身の先人たちに関する記述でしたので、明治維新をテーマとした書籍に再編集することは名案だと感じ、さっそく今年一月から編集・執筆を開始し、ここに完成しました。

本書は私にとって（自費出版を除けば）人生初の自著刊行ですので、記述には不行き届きもあると思います。ただ、津和野という一地方の歴史を通して、これまで語られなかった、地方を舞台とした明治維新や明治期の空気感を、少しでも読者に感じてもらえることができれば、著者として喜びにたえません。

最後に、本書刊行のきっかけをつくってくださったうえに編集作業にもご協力いただいた津和野町地域おこし協力隊（刊行時）の石井雅巳さん、すてきなイラストをご提供いただいたセキサトコさん、刊行を決断していただいた堀之内出版の小林えみさんに、心よりお礼申し上げます。

そして、二十歳の私を郷土史の深く豊かな森の入口に導いてくださった、我が師、故沖本常吉氏に、改めて謝意を表すとともに、本書を捧げたいと思います。

平成三十（二〇一八）年三月

山岡浩二

山岡浩二
（やまおか　こうじ）
一九五六年、津和野生まれ、同在住。郷土史家。
津和野町観光協会副会長・津和野の自然と歴史を守る会会長・中国浙江大学城市学院客座教授など。

明治の津和野人たち
幕末・維新を生き延びた小藩の物語

2018年5月25日　初版第1刷発行
著　者…山岡浩二
発行所…堀之内出版
〒192-0355
東京都八王子市堀之内3丁目10-12
フォーリア23　206
TEL：042-682-4350
FAX：03-6856-3497
http://www.horinouchi-shuppan.com/
カバーデザイン…図工ファイブ
カバーイラスト…セキサトコ
印　刷…株式会社シナノパブリッシングプレス

ISBN 978-4-909237-36-1